Herzlich willkommen bei Familie Lerndrache!

Super, dass du mit uns üben und lernen möchtest! Du wirst sehen: Mit uns macht das richtig viel Spaß! Wir haben viele Tipps für dich und helfen dir, sodass du bald fit im Aufsatzschreiben bist.

Name: Lizzy Lerndrache
Das mag ich: Sport, vor allem Reiten und Ballett; schöne Kleider und meine Perlenkette; meine Familie, besonders meinen Bruder Lenny (meistens jedenfalls)
So bin ich: erfinderisch und ganz schön schlau
So helfe ich dir: Ich habe extra clevere Tipps für dich.

Name: Lenny Lerndrache
Das mag ich: Sport; alles, was mit Technik zu tun hat; Feuer spucken; meine Familie, besonders meine Schwester Lizzy (meistens jedenfalls)
So bin ich: hilfsbereit und neugierig
So helfe ich dir: Ich sage dir alles, was du dir merken solltest.

Name: Floh Lerndrache (Baby)
Das mag ich: Quatsch!
So bin ich: frech und noch klein, daher kann ich kaum reden und leider noch nicht fliegen
So helfe ich dir: Ich mache Unfug und sorge dafür, dass du beim Lernen was zu lachen hast.

Name: Nepomuk Lerndrache (Opa)
Das mag ich: fliegen und Saltos schlagen; mit meinem Stock zaubern; faulenzen; meine Enkelkinder
So bin ich: gemütlich, manchmal kann ich auch richtig frech sein
So helfe ich dir: Ich erinnere dich daran, auch mal eine Pause zu machen!

Die kleinen Lerndrachen

200 Aufsatzübungen wie in der Schule

Deutsch 2. – 4. Klasse

von Dorothee Kühne-Zürn
Ursula Lassert
Kirsten Usemann

Von den Autoren stammen die Aufsatzübungen mit folgender Nummerierung:
Dorothee Kühne-Zürn: 116 – 117, 119, 122, 125 – 126, 131 – 133, 140, 142, 149 – 150, 174, 176, 178, 181, 183, 187, 189
Ursula Lassert: 1 – 115, 118, 121, 123 – 124, 127, 129 – 130, 134 – 135, 138 – 139, 141, 144 – 148, 151 – 156, 158 – 162, 165 – 167, 173, 175, 180, 182, 184 – 185, 188, 190 – 193, 195 – 200
Kirsten Usemann: 120, 128, 136 – 137, 143, 157, 163 – 164, 168 – 172, 177, 179, 186, 194
Eltern- und Schülertipps: Ursula Lassert, Kirsten Usemann

Bibliografische Information der Deutschen Nationalbibliothek
Die Deutsche Nationalbibliothek verzeichnet diese Publikation in der Deutschen Nationalbibliografie; detaillierte bibliografische Daten sind im Internet über http://dnb.d-nb.de abrufbar.

Auflage 4 3 2 1 | 2013 2012 2011 2010
Die letzten Zahlen bezeichnen jeweils die Auflage und das Jahr des letzten Druckes.
Dieses Werk folgt der neuesten Rechtschreibung und Zeichensetzung.

www.klett.de/lernhilfen
Zusammenstellung und Lektorat: Verlagsservice4kids, Traunstein
Umschlagfoto: Corbis (Gary Edwards/zefa), Düsseldorf
Umschlagillustration und Leitfiguren: Thomas Thiemeyer, Stuttgart
Illustrationen: Andrea Büdinger, München: Nr. 19; Udo Clormann, Wiesbaden: Nr. 4, 9, 23, 27; Steffen Jähde, Berlin: Nr. 27, 136, 157, 163 – 164, 168, 170 – 172, 187, 191, 193; Ursula Lassert, Düsseldorf: Nr. 1, 7, 12, 17, 21 – 22, 28 – 29, 60, 81, 110; Sven Palmowski, Barcelona: Nr. 36 – 37, 42, 53 – 54, 57 – 58, 70 – 71, 75 – 76, 79 – 80, 84 – 86, 95, 100, 102 – 106, 111, 113 – 114, 131, 138, 166; Katja Wesner, Fellbach: Nr. 129 – 130, 134, 146, 148, 153 – 154, 158 – 160, 162, 165, 173, 184 – 185, 195 – 196, 199 – 200
Satz: Noch & Noch GbR, Menden
Druck: medienHaus Plump GmbH, Rheinbreitbach
Printed in Germany
ISBN 978-3-12-929267-9

9 783129 292679

Aufsatzübungen für das 3. Schuljahr

Erzählende Texte

Informierende Texte

Sprachliche Grundlagen

Einen Text begutachten

Aufsatzübungen für das 4. Schuljahr

Erzählende Texte

Informierende Texte

Sprachliche Grundlagen

Aufsätze planen

Inhaltsverzeichnis

Liebe Eltern,

gute Aufsätze zu schreiben kann man lernen. Das Verfassen von Texten stellt vielfältige Anforderungen an Ihr Kind. Denn ein gut geschriebener Text besticht nicht nur durch einen interessanten Inhalt, sondern enthält auch gut verständliche Sätze mit treffenden Wörtern, die möglichst fehlerlos geschrieben sein sollten.

Daher ist es wichtig, dass Sie so früh wie möglich beginnen, mit Ihrem Kind das Schreiben von Texten zu üben. Dazu bietet dieses Buch eine Fülle von Übungsaufgaben. In den Eltern- und Schülertipps auf den Seiten 12 bis 23 finden Sie Hinweise zum gemeinsamen Üben und Anregungen, wie Sie Ihr Kind in diesem Bereich fördern können. Außerdem erfahren Sie, welche Anforderungen im Aufsatz-Unterricht an Ihr Kind gestellt werden.

Wie Sie mit diesem Buch üben können:

Suchen Sie sich aus der entsprechenden Klassenstufe Ihres Kindes eine Aufsatzübung heraus, die Sie gemeinsam mit Ihrem Kind bearbeiten möchten. Im Inhaltsverzeichnis finden Sie zu jeder Aufgabe die wichtigsten Lerninhalte. So können Sie die Übungen zur Vorbereitung auf Klassenarbeiten nutzen oder gezielt eine bestimmte Textsorte üben, die Ihrem Kind noch Schwierigkeiten bereitet. Zum Einstieg können Sie auch mit einer Übung zur selben Textsorte aus einer niedrigeren Klassenstufe beginnen.

Lassen Sie Ihr Kind die Aufsatzübung bearbeiten. Wie Sie gemeinsam vorgehen können, lesen Sie ab Seite 18. Kontrollieren Sie anschließend mit Ihrem Kind die Lösung der Aufgabe. Hinweise zur Lösung finden Sie im Lösungsteil ab Seite 200.

Für das gemeinsame Üben wünschen wir Ihnen viel Erfolg und natürlich viel Spaß!

Familie Lerndrache

Lenny Lizzy Opa Nepomuk

Elterntipps zum Thema „Aufsätze schreiben“

Liebe Eltern,

im Laufe der Grundschulzeit lernt Ihr Kind Schritt für Schritt, eigene Texte zu verfassen. Die Länge der Texte sowie die Anzahl der behandelten Textsorten nehmen von Schuljahr zu Schuljahr zu. Welche Anforderungen stellt die Schule dabei? Was können Sie gemeinsam mit Ihrem Kind tun, um es beim Lernen zu unterstützen? Wie können Sie Ihr Kind optimal fördern? Die nächsten Seiten sollen Ihnen helfen, wichtige Inhalte der Aufsatzerziehung in der Grundschule kennenzulernen und Ihr Kind in diesem Bereich sinnvoll zu fördern.

Der Aufsatz-Unterricht in der Schule

Sobald Ihr Kind schreiben und Sätze bilden kann, beginnt es, sich auch schriftlich auszudrücken. Seine ersten Schreibversuche sind geprägt von seinem spontanen kindlichen Mitteilungsbedürfnis. Die Schule greift die natürliche Fabulierlust der Kinder auf und schafft entsprechende Schreibanlässe. Im Unterricht lernt Ihr Kind, immer mehr auf Inhalt und Absicht der verschiedenen Textsorten zu achten und seine Aufsätze so zu schreiben, dass der Leser sie gern liest. Im Folgenden sind die wichtigsten Inhalte des Aufsatz-Unterrichts in der Schule kurz für Sie zusammengefasst.

Die Aufsätze werden in der Schule in die beiden großen Gruppen erzählende und informierende Texte eingeteilt. Jede Textsorte hat ihre eigenen Regeln, auf die Ihr Kind beim Schreiben achten muss.

Erzählende Texte

Eigene oder erfundene Erlebnisse sind der Inhalt der erzählenden Texte. Ihr Kind lernt, diese Erlebnisse so zu erzählen, dass es dem Leser Spaß macht, sie zu lesen. Es übt Fortsetzungs-, Traum- und Fantasieerzählungen ebenso wie Reizwortgeschichten, bei denen zu zwei, drei oder vier Wörtern eine Erzählung erfunden wird.

Es werden Bildergeschichten besprochen, wobei Ihr Kind lernt, jedes Bild in Ruhe zu betrachten und mit eigenen Worten das Gesehene auszudrücken. Dabei wird ihm auch deutlich, dass sowohl zwischen den Bildern als auch vor und nach den angebotenen Bildern etwas Wichtiges geschieht.

Außerdem werden fremde Geschichten nacherzählt. Ihr Kind erfährt dabei, dass in Nacherzählungen wirklich nur das Wichtige erzählt wird und nichts hinzuerfunden werden darf.

Ihr Kind lernt durch aktives Tun den Aufbau von Erzählungen kennen und erfährt, dass jede Geschichte einen „roten Faden" hat. Es erkennt, dass jede Erzählung, egal welcher Art, aus den vier Teilen Überschrift, Einleitung, Hauptteil mit Höhepunkt und Schluss besteht. Ihr Kind erlebt, dass es sinnvoll ist, seine Ideen logisch in diese vier Teile einzubauen.

So werden in der Einleitung Personen, Ort und Zeit genannt. Im Hauptteil wird allmählich in einzelnen Erzählschritten auf den Höhepunkt und die Lösung hingeschrieben, während der Schluss die Geschichte in ein bis zwei Sätzen abrundet.

Informierende Texte

Die informierenden Texte umfassen eine Vielzahl von unterschiedlichen Textsorten. Sie reichen von Briefen, E-Mails und Notizen bis hin zu Berichten, Anleitungen und Beschreibungen von Personen, Tieren oder Gegenständen.

Beim Verfassen von Briefen soll Ihr Kind seine Aufmerksamkeit auf jeden einzelnen Bestandteil des Briefes (Absender, Ort mit Datum, Anrede, Text, Abschiedsgruß, Unterschrift) richten. Ihr Kind schreibt Einladungen und erfährt, auf welche Punkte es bei diesen Briefen besonders achten muss. Die Eigenheiten einer E-Mail werden ebenfalls geklärt.

Ihr Kind lernt, sich kurze Notizen z.B. in Tagebüchern, nach Beobachtungen usw. zu machen und auch Mitteilungen für andere Personen aufzuschreiben oder Gespräche zusammenzufassen.

Es übt, sachliche Berichte über ein Geschehen zu schreiben. Dabei lernt es, in einem solchen Bericht die Fragen *Wer?, Wann?, Wo?, Wie?, Welche Folgen?* zu beantworten und seine eigene Meinung wegzulassen.

Es werden Rezepte und Anleitungen für Spiele, Basteleien oder das Bedienen einfacher Geräte geschrieben. Ihr Kind erfährt, dass es bei diesen Texten u.a. auf korrekte Fachausdrücke, treffende Verben und die richtige Reihenfolge ankommt.

In diesem Zusammenhang lernt es auch, dass Anleitungen und Rezepte auf verschiedene Art und Weise formuliert werden können. Dazu ist es wichtig, die Personal- und Zeitformen der Verben zu kennen, aber auch möglichst treffende Bezeichnungen mithilfe zusammengesetzter Wörter verwenden zu können.

Es werden Gegenstände, Tiere und Menschen beschrieben. Das geschieht in Form von Rätseln oder Verlustanzeigen. Ihr Kind erfährt, dass es auch hier sachlich bleiben muss und seine eigene Meinung nicht in den Text gehört.

Ihr Kind lernt, dass sowohl bei Erzähl- als auch bei Sachtexten eine gute Planung wichtig ist. Es merkt, dass der Weg über das Sammeln von Ideen, das Aufschreiben von Stichworten, das Ordnen dieser Stichworte in einem Schreibgerüst bis hin zum Schreiben der Texte führt.

Das zweite Schuljahr: Jeder hat mal klein angefangen

Der Aufsatz-Unterricht in der Schule beginnt im zweiten Schuljahr. In einfachen Sätzen schreibt Ihr Kind Geschichten über selbst Erlebtes oder Erfundenes oder verfasst kurze Sachtexte über Lebewesen, Dinge und Vorgänge. Lückentexte und vorgegebene Textteile helfen ihm beim Schreiben der ersten Aufsätze. Indem es den Anfang oder den Schluss zu einer Geschichte erfindet, macht es sich mit den Bestandteilen einer Erzählung vertraut. Wenn sein Aufsatz in der Klasse besprochen wird, lernt Ihr Kind, wie sein Text auf seine Zuhörer wirkt und wie es ihn noch verbessern kann.

Das dritte Schuljahr: Übung macht den Meister

Das Verfassen eigener Texte überfordert Kinder zu Beginn des dritten Schuljahres häufig noch. Oft sind sie noch nicht in der Lage, einen ausführlichen Text zu überschauen. Daher schreiben sie zunächst nur kurze Texte (wie Postkarten oder Einladungen). Im Laufe des Schuljahres nimmt der Umfang der Texte zu. Bei erzählenden Texten neigen viele Kinder dazu, möglichst viele verschiedene Geschichten in einer zu schreiben. Es wird daher gezielt eingeübt, nur eine Handlung zu erzählen und sich auf den „roten Faden" zu konzentrieren. Den korrekten Aufbau einer Erzählung sollte Ihr Kind nun auch verinnerlicht haben. Im dritten Schuljahr gewinnt der Einsatz sprachlicher Mittel an Bedeutung. Absicht und Adressat eines Textes finden verstärkt Berücksichtigung im Aufsatz-Unterricht.

Das vierte Schuljahr: Auf dem Weg zum Aufsatz-Profi

Die im zweiten und dritten Schuljahr gelegten Grundlagen werden im vierten Schuljahr ausgearbeitet, verfeinert und durch häufiges Anwenden trainiert. Es kommen natürlich auch einige neue Textsorten hinzu. Außerdem wird der Umfang der zu schreibenden Texte im Laufe des Jahres allmählich größer. Im vierten Schuljahr wird von Ihrem Kind gefordert, eigene Texte zu planen, zu überprüfen und zu überarbeiten. Dabei soll Ihr Kind grammatikalisch korrekt schreiben, die Rechtschreibung und die Schreibregeln für die jeweilige Textsorte beachten.

Aufsätze schreiben – So fördern Sie Ihr Kind richtig

Das Textschreiben sinnvoll in den Alltag einbauen

Das Schreiben von Texten erfordert verschiedene Kompetenzen. Um einen guten Aufsatz schreiben zu können, muss Ihr Kind nicht nur die Regeln der verschiedenen Textsorten kennen, sondern auch Rechtschreibung und Grammatik beherrschen und über einen großen Wortschatz verfügen. Sie können Ihrem Kind helfen, diese verschiedenen Bereiche zu trainieren.

In Ihrem Alltag bieten sich viele Gelegenheiten, Übungen zu Rechtschreibung und Grammatik einzubauen. So könnten Sie beim Kochen oder im Garten „Ich laufe in den Wald, ich laufe in den Garten, ich laufe in das Haus" üben, also den Gebrauch der Verhältniswörter (*in, auf* usw.) mit den entsprechenden Fällen. Oder Sie lassen Ihr Kind Sätze bilden wie „Ich sehe das Haus meiner Oma, ich sehe das Haus meines Freundes" usw. Oder Ihr Kind könnte alle Begriffe nennen, die man essen kann und die ein *pf* enthalten (*Apfel, Pflaume*). Alltägliche Situationen sind eine wahre Fundgrube für Übungen aller Art.

Es gibt unterwegs auch zahlreiche Möglichkeiten und Anregungen, kurze Übungen zur Erweiterung des Wortschatzes einzubauen. So können Sie z. B. auf Spaziergängen mit Ihrem Kind Pflanzen, Tiere oder Menschen beobachten und beschreiben. Dabei könnten Sie sich z. B. gegenseitig Rätsel stellen.

Oder Sie suchen gemeinsam drei hervorstechende Merkmale und das entsprechende Adjektiv dazu. Dann können Sie darauf aufbauend Ihr Kind das Gegenteil aller Adjektive bilden lassen.

Ihr Kind kann auch Verben für die Tätigkeiten der Menschen um Sie herum suchen, dabei auf treffende Verben achten und diese in andere Personal- und Zeitformen setzen.

Das alles hilft Ihrem Kind, seinen Wortschatz zu vergrößern. Sammeln Sie mit ihm Wörter mit ähnlicher Bedeutung (Wortfelder) oder suchen Sie zu einem Wort so viele verwandte Wörter (Wortfamilien = Wörter mit gleichem oder ähnlichem Wortstamm) wie möglich.

Je mehr Wörter Ihr Kind kennt, desto mehr Ausdrucksmöglichkeiten hat es und desto anschaulicher und lebendiger werden seine Texte.

Auch das Lesen von Büchern, egal ob es Romane oder Sachbücher sind, vergrößert Wortschatz und Wissen Ihres Kindes, sodass es sich in seinen eigenen Texten immer besser ausdrücken kann. Ermuntern Sie Ihr Kind daher, so viel wie möglich zu lesen.

Nicht zuletzt ergeben sich im Laufe eines Tages immer wieder Möglichkeiten, das Schreiben kleiner Texte sinnvoll in den Alltag einzubauen. Diese Gelegenheiten zu erkennen und aufzugreifen, ist sehr wichtig. Denn für Ihr Kind können diese Situationen eine gute Lernquelle sein.

Bei der Küchenarbeit bietet es sich z. B. an, gemeinsam Rezepte zu lesen und auszuprobieren, eigene zu entwickeln und aufzuschreiben. Kinder helfen sehr gern dabei, besonders wenn das Ergebnis auch noch gut schmeckt.

Sie können gemeinsam Einkaufslisten erstellen, die schon nach den Gängen im Supermarkt geordnet sind. So lernt Ihr Kind Ober- und Unterbegriffe kennen. Außerdem entwickelt es dabei ein gutes Gespür für den Sinn von Ordnung.

Sie können sich gegenseitig Briefchen und Mitteilungen schreiben. Gelegenheiten, Kurzmitteilungen und Notizen zu verfassen, ergeben sich z. B. nach Telefongesprächen oder wenn ein Familienmitglied Bescheid geben will, dass es weggeht. Es können auch Wünsche oder Bitten sein, eine bestimmte Aufgabe zu übernehmen.

Wenn Ihr Kind Freunden oder Verwandten Briefe oder E-Mails schreibt, freuen sich nicht nur die Empfänger. Ihr Kind übt sich dabei auch auf verschiedenen Gebieten, einmal im Aufbau eines Briefes, dann im Scheiben eines ansprechenden Textes, in der Verwendung der Anredepronomen und in der übersichtlichen Gestaltung eines Textes.

Die besten Tipps zum Schreiben von Aufsätzen

1) Der erste Schritt auf dem Weg zu einem guten Aufsatz ist die richtige Planung. Wenn Ihr Kind also einen Aufsatz schreibt, fragen Sie es zuerst nach der Textsorte. Je nachdem ob der Aufsatz den Leser anleiten soll, etwas zu basteln oder zu kochen, oder ihn über etwas informieren oder unterhalten soll, muss Ihr Kind unterschiedliche Regeln der Textgestaltung beachten. Am besten lassen Sie Ihr Kind Checklisten anlegen, die die wichtigsten Regeln der einzelnen Textsorten enthalten. Diese Checklisten sollte Ihr Kind beim Schreiben immer neben sich liegen haben. So kann es zwischendurch immer wieder überprüfen, ob es alle Regeln beachtet hat.

2) Vielleicht sprudelt Ihr Kind vor Ideen nur so über und kann sich nicht für ein Thema entscheiden. Aber vielleicht hat Ihr Kind auch Schwierigkeiten, sich etwas einfallen zu lassen. Helfen Sie ihm durch gezielte Fragen, sein Thema zu finden. Soll Ihr Kind eine Tierbeschreibung anfertigen, könnten Sie es z. B. fragen, welches Tier ihm am besten gefällt oder welches der Tiere in der Nachbarschaft es am liebsten mag oder welches Tier ihm von seinem letzten Zoobesuch besonders in Erinnerung geblieben ist.

3) Nachdem das Thema gefunden ist, sollte Ihr Kind Ideen für seinen Aufsatz notieren. Dabei hilft ihm ein Cluster. Auf ein großes Blatt schreibt Ihr Kind zunächst das Thema des Aufsatzes, den Clusterkern, und kreist es ein. Um diesen Kreis notiert Ihr Kind dann seine Ideen.

4) Lassen Sie Ihr Kind nun seine Ideen ordnen. Es kann dazu im Cluster die Begriffe, die inhaltlich zusammengehören, verbinden. Bei Beschreibungen von Personen, Tieren oder Gegenständen ist eine Mindmap übersichtlicher. Die einzelnen Aspekte wie z. B. Aussehen oder

besondere Eigenschaften, die in einer Beschreibung behandelt werden müssen, sind die Oberbegriffe innerhalb der Mindmap. Ermuntern Sie Ihr Kind, seine Ideen diesen Oberbegriffen zuzuordnen. Schreibt Ihr Kind eine Erzählung, ordnet es seine Ideen am besten nach den Bestandteilen jeder Erzählung, also nach Einleitung, Hauptteil und Schluss.

5) Bevor Ihr Kind nun beginnt, den Text vorzuschreiben, lassen Sie sich von ihm seine Geschichte erzählen. Dabei merkt es schnell, ob die Geschichte so funktioniert. Wichtig ist dabei z. B., dass die Geschichte einen Höhepunkt hat und sich Ihr Kind Gedanken über den Schluss gemacht hat. Wenn die Geschichte noch Schwächen hat, lassen Sie Ihr Kind auf einem Blatt die Erzähllinie mit den verschiedenen Erzählschritten zeichnen. So kann es sich die einzelnen Schritte von der Einleitung über den Hauptteil bis zum Schluss noch einmal klarmachen.

6) Wenn Ihr Kind seinen Aufsatz nun vorschreibt, sollte es etwa ein Drittel der Seite als Rand für Korrekturen und Anmerkungen frei lassen. Ermuntern Sie Ihr Kind, diese erste Fassung laut vorzulesen. Besprechen Sie mit ihm, was noch verbessert werden muss. Auch hier helfen die Checklisten mit den wichtigsten Regeln der verschiedenen Textsorten. So sollte Ihr Kind bei Erzählungen z. B. darauf achten, dass der Aufsatz genügend wörtliche Rede enthält, die Verben und Adjektive treffend und die Satzanfänge abwechslungsreich sind. Natürlich müssen auch in jedem Aufsatz Rechtschreibung und Zeichensetzung stimmen. Für die Überarbeitung seines Aufsatzes sollte sich Ihr Kind genügend Zeit nehmen.

7) Hat Ihr Kind nach der Überarbeitungsphase seinen Text ins Reine geschrieben, sollten Sie sich die Zeit nehmen, sich den Text anzuschauen und ihn angemessen zu würdigen. So steigern Sie die Motivation Ihres Kindes, Texte zu schreiben und seine Fähigkeiten in diesem Bereich stetig zu verbessern.

Einen ähnlichen Leitfaden, der sich direkt an Ihr Kind wendet, finden Sie auf den folgenden Seiten. Gewöhnen Sie Ihr Kind daran, Aufsätze mithilfe dieser Checklisten zu schreiben. So helfen Sie Ihrem Kind, eine gewisse Routine zu entwickeln und die einzelnen Punkte zu verinnerlichen.

Vergessen Sie bei allem Üben aber auch nicht, für Abwechslung, Spaß sowie eine entspannte und stressfreie Atmosphäre zu sorgen. Haben Sie Geduld mit Ihrem Kind, und loben Sie es, wann immer es geht. Das ermutigt Ihr Kind und motiviert es zu besseren Leistungen.

Und nun: Viel Erfolg beim gemeinsamen Üben!

Familie Lerndrache

Lenny Lizzy Opa Nepomuk

Schülertipps zum Thema „Aufsätze schreiben“

Wichtige Begriffe, die du kennen solltest

Erzählende Texte
Dazu gehören selbst erlebte Geschichten wie Erlebniserzählungen, aber auch frei erfundene Geschichten wie Traum- und Fantasieerzählungen. Ausgangspunkt für Erzähltexte können z. B. Bilder sein, zu denen du eine Bildergeschichte schreibst, oder zwei oder drei Wörter, zu denen du dir eine Reizwortgeschichte ausdenken musst. Ebenso schreibst du Nacherzählungen von vorgegebenen Geschichten oder Gedichten.

Informierende Texte (Sachtexte)
Sachtexte informieren den Leser über bestimmte Themen. Das können Beschreibungen von Lebewesen, Dingen oder Vorgängen sein. Zu den Sachtexten gehören aber auch Rezepte und andere Anleitungen oder Berichte über bestimmte Ereignisse.

Cluster
Das ist eine Stichwortsammlung zu einem bestimmten Thema, über das du einen Aufsatz schreiben willst. Zunächst schreibst du den Clusterkern (das Thema) in die Mitte eines Blattes. Um diesen Kern herum notierst du alle Stichworte, die dir dazu einfallen. Das können sowohl Ober- als auch Unterbegriffe (Beispiel: *Pflanzen: Tulpe, Rose* usw.) sein.

Mindmap
Mit einer Mindmap kannst du die Stichworte zu deinem Aufsatz gut ordnen. In dieser Gedächtnislandkarte ordnest du die Unterbegriffe den entsprechenden Oberbegriffen zu. Dazu schreibst du zuerst dein Aufsatzthema in die Mitte eines Blattes und zeichnest einen Kasten darum. Um das Thema herum stehen Oberbegriffe, die du einkreist und mit dem Thema verbindest. Zuletzt schreibst du unter jeden Oberbegriff die dazugehörigen Unterbegriffe.

Wortfamilie
Zu einer Wortfamilie gehören alle Wörter, die denselben Wortstamm haben. Zwar ändert sich dieser Wortkern manchmal (*-flieg-, -flug-, -flüg-*), aber er bleibt in allen verwandten Wörtern ähnlich.

Wortfeld
Wörter mit ähnlicher Bedeutung (z. B. *gehen, wandern, laufen*) bilden ein Wortfeld. Je mehr Wörter mit ähnlicher Bedeutung du kennst, desto abwechslungsreicher und interessanter kannst du schreiben.

So schreibst du gute Aufsätze

Hier geben dir die Lerndrachen wertvolle Tipps zum Schreiben von Aufsätzen. Du kannst dir die Tipps z.B. abschreiben und an deine Pinnwand hängen.

Plane deinen Text!

- Überlege dir zuerst, wen du mit deinem Text ansprechen und was du damit erreichen willst. Davon hängt die Art und Gestaltung des Textes ab.
- Sammle Stichworte. Dabei hilft dir ein Cluster.
- Ordne deine Gedanken. Mindmaps, Tabellen oder Steckbriefe helfen dir, deine Ideen zu ordnen und so ein Schreibgerüst zu erstellen.

Schreib deinen Text vor!

- Lass bei der ersten Fassung deines Textes ein Drittel der Seite für Korrekturen frei.
- Konzentriere dich auf deinen Text, und bleib bei deinem Thema.
- Lege deine Checklisten mit den wichtigsten Regeln der verschiedenen Textsorten neben dich, und achte darauf, dass du alle Regeln einhältst.

Überarbeite deinen Text!

- Überprüfe deinen Text nach dem Schreiben noch einmal gründlich auf Inhalt, Textgestaltung, Sprache und Rechtschreibung. Lass dir Zeit dabei.
- Geh noch einmal deine Checklisten zu den verschiedenen Textsorten durch. Hast du an alles gedacht?
- Hole nach Möglichkeit auch die Meinung anderer zu deinem Aufsatz ein. Nimm ihre Kritik als Hilfe an, und versuche, es dann besser zu machen.
- Schreibe deinen Aufsatz zum Schluss ins Reine.

Checkliste für Erzählungen

- Überschrift, die neugierig auf den Text macht
- Einleitung, in der Ort, Zeit und Personen vorgestellt werden
- Hauptteil ist spannend
- Schlusssatz, der die Geschichte zu einem Ende bringt
- unterschiedliche Satzanfänge
- viele treffende Verben und Adjektive
- wörtliche Rede wurde benutzt

Checkliste für Berichte, Beschreibungen und Anleitungen

- Reihenfolge ist richtig
- Text ist genau und sachlich, enthält keine persönliche Meinung
- Verben werden in der richtigen Zeit verwendet
- unterschiedliche Satzanfänge
- richtige Fachausdrücke
- viele treffende Verben und Adjektive

2.
Schuljahr

Erzählende Texte | Inhalt einer Erzählung

1 Eine fantastische Geschichte

Nora erlebt eine abenteuerliche Geschichte. Schreibe zu jedem Bild den passenden Satz.

Plötzlich wird das Schiff immer größer.
Dann setzt sie es ins Wasser.
Nora bastelt ein Papierschiff.
Nora freut sich, steigt ein und fährt davon.

Nora bastelt ______

______

______

______

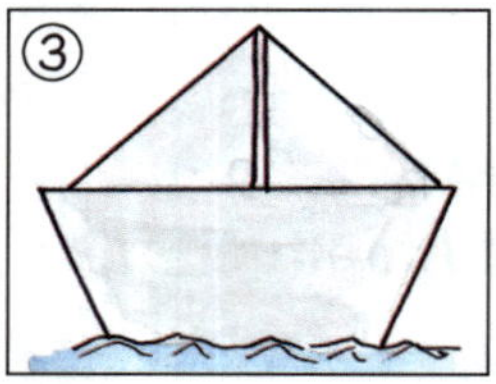

______

______

______

______

Eine **Erzählung** kann ein **eigenes**, ein **geträumtes** oder ein **erfundenes Erlebnis** erzählen.

2 Wie alles begann

Der Geschichte aus Übung 1 fehlt noch eine Einleitung.
Denke dir zunächst Antworten auf diese Fragen aus.
Fasse dann die Antworten in einer Einleitung zusammen.

a) Wer ist die Hauptperson? ______________________

b) Wann spielt die Geschichte? ______________________

____

c) Wo spielt die Geschichte? ______________________

____

d) Einleitung: ______________________________

____

____

____

In einer **Einleitung** nennst du **Personen**, **Ort** und **Zeit**, damit der Leser die Geschichte besser versteht.

3 Was für ein Abenteuer!

Wie soll Noras Geschichte aus Übung 1 zu Ende gehen?
Erfinde den Schluss, und schreibe ihn in dein Übungsheft.

4 Auf dem Dachboden

Alex und Nele haben Langeweile. Ob sie auf dem Dachboden etwas Interessantes finden? Schreibe unter jedes Bild den Satz richtig auf.

auf dem Dachboden.

stehen

Alex und Nele

Alex und ______________________

____

öffnen

eine große, alte Kiste.

Sie

vorsichtig

____

____

5 Alex' und Neles Entdeckung

Wie geht wohl die Geschichte aus Übung 4 weiter? Schreibe die Geschichte zu Ende. Wenn du magst, male ein passendes Bild auf einen Malblock.

6 Der krönende Schluss

Hast du bei Übung 5 auch an einen abschließenden Schlusssatz gedacht? Wenn nicht, dann schreibe ihn nun. Du kannst auch einen der beiden Beispielsätze nehmen, wenn sie passen.

Alex und Nele bleiben den ganzen Tag auf dem Dachboden.

Die Kinder freuen sich sehr über diese Überraschung.

Eine gute Geschichte endet mit einem **Schlusssatz**, der die Geschichte abrundet.

7 Der erste Preis

Mia und Leo fahren mit ihren Eltern ans Meer. Bild 1 und 4 zeigen dir, was sie dort erleben. Schreibe unter jedes Bild die Sätze richtig auf.

In ihren Ferien
bauen
Mia und Leo
eine
große Sandburg.

In ihren Ferien ______________________________

____

Mia und Leo
haben den
ersten Preis
gewonnen.
Die beiden freuen
sich sehr.

____

____

8 Ein wunderbares Ferienerlebnis

Bei der Geschichte aus Übung 7 erfährst du nur den Anfang und das Ende. Den Teil dazwischen musst du dir selbst ausdenken. Male Bild 2 und 3, und schreibe einen Text dazu. Vorsicht: Schau zuerst, wie die Geschichte ausgeht!

②

③

Der Teil zwischen Einleitung und Schluss ist der **Hauptteil**. Das ist der **längste** Teil. Er muss **spannend** sein, damit der Leser ihn gerne liest.

9 Hilfe, ein Gespenst!

Setze die passenden Wörter in den Lückentext. Dann erfährst du, wer Laura diese Nacht besucht.

kuschelt – Bett – Tür – zittert – Schreck – langer – Gespenst

Laura geht heute früh ins __________, denn sie ist sehr müde. Sie ________________ sich unter die Bettdecke.

Da geht die __________ auf. Ein __________ Seufzer ertönt: „Hu - huuuuh - huuh!“ Laura bekommt einen ____________. Ein ______________ steht vor ihrem Bett. Laura ______________ am ganzen Körper.

10 Eine überraschende Wendung

Wie könnte die Geschichte aus Übung 9 weitergehen? Schreibe sie zu Ende. Wenn du magst, male ein passendes Bild auf einen Malblock.

Aber dann ______________________________

____

Jede **Erzählung** besteht aus Überschrift, Einleitung, Hauptteil und Schluss.

11 Da fehlt doch was!

Hast du die Geschichte aus Übung 9 zu Ende geschrieben? Klasse! Es fehlt ihr aber immer noch etwas. Richtig, sie braucht noch eine Überschrift. Suche dir eine passende aus, und schreibe sie auf die Zeile. Du kannst dir auch selbst eine ausdenken.

- Das komische Gespenst
- Ein dummes Gespenst
- So ein Schreck
- Überraschung am Abend

____

12 Ein Anruf von Vater

Lars bekommt einen Anruf von seinem Vater. Lies den Text, und unterstreiche dann die Stichwörter im Text.

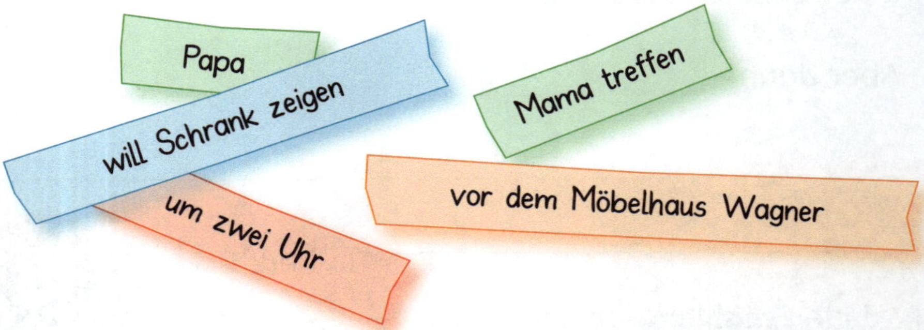

Vater: Hallo, Lars!

Lars: Hallo, Papa!

Vater: Wie geht es dir?

Lars: Mir geht es prima, danke. Warum rufst du an?

Vater: Ich hätte eine Bitte an Mama. Ist sie zu Hause?

Lars: Nein, sie ist zum Bäcker gegangen.

Vater: Sag Mama doch bitte, dass ich sie um zwei Uhr treffen will. Sie soll vor dem Möbelhaus Wagner stehen. Ich will ihr dort einen schönen Schrank zeigen.

Lars: Mach ich, bis heute Abend, Papa.

Vater: Bis nachher, Lars.

13 Lars schreibt einen Merkzettel

Nach dem Telefonat mit seinem Vater schreibt Lars das Wichtigste für seine Mutter auf. Lies den Text aus Übung 12, und beantworte die Fragen.

a) Wer hat angerufen? ______________________

b) Was wollte er? ______________________

c) Wo will er Mutter treffen? ______________________

d) Wann? ______________________

e) Warum? ______________________

Auf einem **Merkzettel** hältst du **das Wichtigste** in wenigen Worten fest. Du brauchst keine ganzen Sätze zu schreiben.

14 Die Lerndrachen machen einen Ausflug

Lizzy erzählt Lenny von einem geplanten Ausflug. Schreibe einen Merkzettel für Lenny in dein Übungsheft. Achtung, nicht alles ist für den Ausflug wichtig.

„Heute habe ich sogar schon einen Aufsatz geschrieben. Morgen fahren wir um 9 Uhr los. Wir treffen uns an der Bushaltestelle hinter dem gelben Haus. Mit Opa Nepomuk bin ich heute schon um die Wette geflogen. Du brauchst etwas zu essen und zu trinken. Und einen Regenschirm solltest du auch einpacken. Was macht eigentlich dein Drachenflügel? Tut er noch weh?“

15 Eine Nachricht für Mutter

Ninas Mutter besucht die Nachbarin im Krankenhaus. Währenddessen bekommt Nina einen Anruf von ihrer Freundin Laura.
„Kommst du heute zu mir spielen?“, fragt Laura.
„Oh ja, ich schreibe schnell eine Nachricht für meine Mutter. Dann komme ich“, antwortet Nina.
Nina sucht einen Zettel und einen Stift. Dann schreibt sie:

> Liebe Mama!
>
> Ich bin um drei Uhr zu Laura gegangen.
> Wir spielen dort im Garten.
> Um fünf Uhr bin ich wieder zu Hause.
>
> Deine Nina

Schreibe auf, was die Mutter in dieser Nachricht erfährt.

a) Wann ist Nina weggegangen? ________________

b) Wohin ist sie gegangen? ________________

c) Wann kommt sie wieder? ________________

Merk's dir!

Eine **Nachricht** enthält nur **wichtige Informationen**. Außerdem hat sie eine **Anrede**. So weiß jeder, für wen die Nachricht ist.

16 Tobias geht ins Schwimmbad

Tobias möchte mit seinem Freund Jan ins Schwimmbad gehen. Schnell schreibt er eine Nachricht für seine Mutter auf. Ergänze die fehlenden Wörter.

zwei Uhr | mit Jan | Schwimmbad | um vier Uhr

Liebe Mama!

Um ______________ bin ich ______________

ins ________________________

gegangen.

Ich bin __________________ wieder zurück.

Dein Tobias

17 Hurra, ein Spielnachmittag!

Die Klasse 2a will am 10. Juni um 15 Uhr einen Spielnachmittag veranstalten. Er soll auf der Rheinwiese hinter der Brücke stattfinden. Viele Vorschläge werden dazu gemacht.

Ordne sie, indem du sie folgendermaßen unterstreichst:
grün – Vorschläge für die Getränke
rot – Vorschläge für das Essen
blau – Vorschläge für die Spiele

18 Ein gut geplantes Fest

Die Klasse 2a möchte das Wichtigste ihres Gesprächs aus Übung 17 an der Tafel zusammenfassen.
Hilf ihnen dabei.

a) Wann ist das Fest? ______________________

____

b) Wo ist das Fest? ______________________

____

c) Was wird gegessen? ______________________

____

d) Was wird getrunken? ______________________

____

e) Was wird gespielt? ______________________

____

Ein **Gespräch** fasst du zusammen, indem du alle **wichtigen Dinge** in **geordneter Reihenfolge** aufschreibst.

19 Die Klasse 2a lädt ein

Die Klasse 2a möchte die Eltern und Geschwister zu einem Spielnachmittag einladen. Lies die verschiedenen Einladungsvorschläge. Kreuze dann an, in welcher Einladung die Eltern erfahren, wann und wo das Fest stattfindet.

Sie erfahren es in der Einladung von

Janni ☐ Lena ☐ Emilia ☐

Jannis Einladung:

Liebe Eltern, liebe Geschwister!

Zu unserem Spielnachmittag am Rhein laden wir euch herzlich ein.
Wir werden viele schöne Sachen machen.

Liebe Grüße,
eure Klasse 2a

Emilias Einladung:

Liebe Eltern, liebe Geschwister!

Wir laden euch zu unserem Spielnachmittag ein.
Wir freuen uns auf euch.

Viele Grüße,
eure Klasse 2a

Lenas Einladung:

Liebe Eltern, liebe Geschwister!

Wir laden euch zu unserem Spielnachmittag auf der Rheinwiese hinter der Brücke ein.
Er findet am 10. Juni um 15 Uhr statt.

Viele Grüße,
eure Klasse 2a

In einer **Einladung** nennst du **Grund**, **Ort** und **Zeit** der Feier.

20 Einladung zum Schulfest

Schreibe selbst eine Einladung. Setze dazu die Satzteile richtig zusammen.

Wir laden euch zu dem Schulfest

am 16. Mai ein.

auf dem Schulhof statt.

Es findet

eure Klasse ___

Liebe Eltern!

um 14 Uhr

Viele Grüße,

21 Eine Postkarte für Tante Julia

Lisa hat eine Postkarte an ihre Tante Julia geschrieben.

Lies die Karte, und ordne folgendermaßen:
Male einen roten Kreis um die Anschrift,
einen gelben Kreis um den Absender,
einen blauen Kreis um die Anrede,
einen rosa Kreis um den Text und
einen grünen um den Schluss.

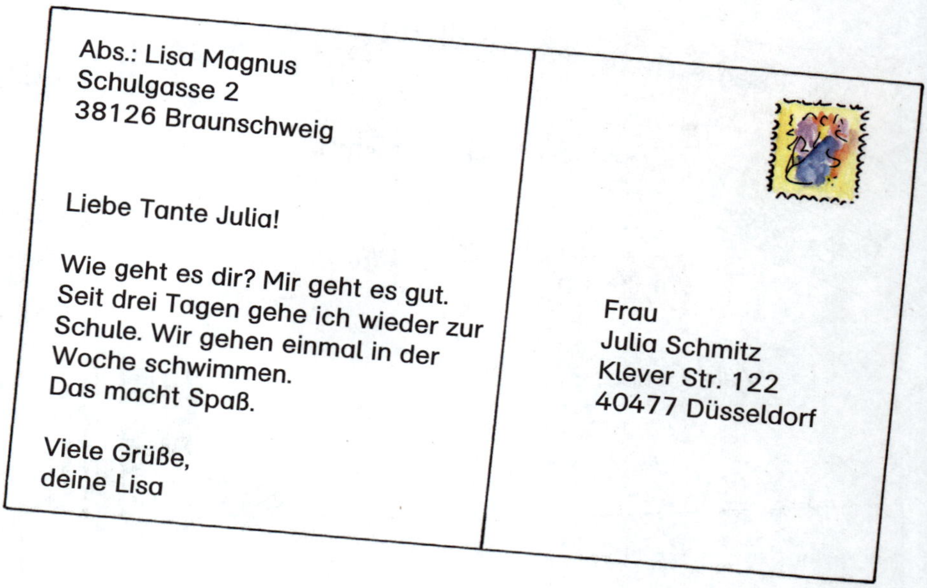
Abs.: Lisa Magnus
Schulgasse 2
38126 Braunschweig

Liebe Tante Julia!

Wie geht es dir? Mir geht es gut.
Seit drei Tagen gehe ich wieder zur
Schule. Wir gehen einmal in der
Woche schwimmen.
Das macht Spaß.

Viele Grüße,
deine Lisa

Frau
Julia Schmitz
Klever Str. 122
40477 Düsseldorf

Auf eine **Postkarte** schreibst du die **Anschrift** und den **Absender**, die **Anrede** und den **Text**. Ein **Gruß** und die **Unterschrift** stehen am Schluss.
Die **Anredefürwörter** für vertraute Personen darfst du auch großschreiben (du/Du, ihr/Ihr, dir/Dir, euch/Euch, dich/Dich ...).

22 Und ab geht die Post!

Schreibe die Postkarte aus Übung 21 ab, oder schreibe selbst eine Postkarte. Vielleicht an deine Lieblingstante oder deinen Lieblingsonkel?

Abs.: ____________________

____

____

____

____

____

____

23 Kleiderraten macht Spaß!

Die Kinder der Klasse 2b spielen das Spiel „Kleiderraten“. Hilf ihnen beim Raten. Wer trägt welche Kleider?

a) Es ist viereckig. Es ist aus Seide. Es ist rosa. In einer Ecke ist ein kleines Muster.

Es ist ________________.

b) Es reicht vom Hals bis zu den Knien. Es ist gelb mit roten Punkten. Es hat einen blauen Gürtel.

Es ist ________________.

c) Es ist blaugrün mit schwarzen Nähten. Es hat einen braunen Gürtel. Es hat fünf Taschen.

Es ist ________________.

d) Es ist blau und grün gestreift. Es hat drei gelbe Knöpfe. Es hat kurze Ärmel.

Es ist ________________.

Bei **Beschreibungen** ist wichtig, dass du auf die **Einzelheiten** genau eingehst.

24 Mein liebstes Kleidungsstück

Male und beschreibe das Kleidungsstück, das du am liebsten hast.

25 Ein neues Haustier für Klara

Errätst du wie Simon, welches Tier Klara bekommen hat? Ergänze den Tiernamen.

„Ich habe ein Tier bekommen!“, jubelt Klara.
„Was ist es denn?“, will Simon wissen.
„Rate mal: Es ist schwarz mit vier weißen Pfoten, an denen scharfe Krallen sind. Wenn es wütend ist, macht es einen Buckel. Es kann ganz leise schleichen. Wenn es sich freut, schnurrt es“, erklärt Klara.

„Ah, ich weiß, es ist eine _ _ _ _ _ _.“
(EZTAK)

Möchtest du ein **Tier beschreiben**, dann erkläre, wie es aussieht, was es kann, welche Laute es von sich gibt und was es gerne tut.

26 Mein Lieblingstier

Was ist dein Lieblingstier? Beschreibe es möglichst genau. Wenn du möchtest, male ein passendes Bild auf einen Malblock.

___

___

___

___

___

27 So viele Tiere!

Rita und Kai erzählen von ihren Haustieren. Findest du heraus, welches der Tiere zu Rita und welches zu Kai gehört? Verbinde richtig, und schreibe die Tiernamen unter die Bilder.

a) ____________________

b) ____________________

Rita

Mein Tier ist groß. Es hat einen langen Schwanz und große, spitze Ohren. Es hat ein langes Maul mit scharfen Zähnen. Es kann knurren und bellen.

(DNUHREFÄHCS)

Kai

Mein Tier lebt im Wasser. Es ist goldgelb.

(HCSIFDLOG)

d) ____________________

e) ____________________

c) ____________________

2.
Schuljahr

Bastelanleitung

Informierende Texte

28 Ein schönes Geschenk

Ein Lesezeichen ist eine nette Geschenkidee. Du kannst Lesezeichen auch ganz einfach selbst basteln. Du wirst sehen, es ist kinderleicht, und Spaß macht es obendrein.
Dafür brauchst du: Blätter und Blüten, Selbstklebefolie, Wolle, Pappe, Zeitungen und Bücherstapel zum Pressen, einen Locher, eine Schere und Klebstoff.
Schon kann es losgehen.

Schreibe neben die Bilder, was gemacht werden muss.

~~Blätter und Blüten pressen~~

Blätter aufkleben

Lesezeichen zuschneiden

Lesezeichen lochen

Wollfaden durch das Loch ziehen und verknoten

Lesezeichen mit Folie bekleben

Blätter und Blüten pressen

____

____

____

Achte bei einer **Anleitung** auf die **richtige Reihenfolge** der einzelnen Arbeitsschritte.

29 Der Blumenfreund

Justus ist ein Blumenfreund. Am liebsten mag er Tagetes, die er sogar selbst heranzüchtet. Wie das geht, zeigt dir die Bilderfolge. Lies die Sätze, und verbinde sie dann mit dem richtigen Bild.

A: Von nun an gießt er sie regelmäßig.

B: Zuerst schüttet Justus Erde in den Blumenkasten.

C: Später setzt er die kleinen Pflanzen in den Garten.

D: Dann steckt er vorsichtig einige Tagetessamen in die Erde.

Verwende bei einer Anleitung **genaue Bezeichnungen** und **treffende Tunwörter** (Verben).

30 Justus' Gartengeheimnisse

Justus verrät seine Gartentricks. Heute beschreibt er seiner Freundin Hanna, wie er Tagetes heranzüchtet. Ergänze die fehlenden Satzteile. Wenn du Hilfe brauchst, dann lies die Sätze aus Übung 29.

Wenn ich Tagetes heranzüchten möchte, mache ich das so:

1) Zuerst schütte ich Erde ________ ________

________________________.

2) Dann ________ ________ vorsichtig einige

________________________ in die Erde.

3) Von nun an ________ ________ sie regelmäßig.

4) Später ________ ________ die kleinen

Pflanzen vorsichtig ________ ________

____________.

31 Eine unangenehme Überraschung

Hier stehen die drei wichtigsten Teile einer Erzählung in der falschen Reihenfolge. Nummeriere sie richtig.

Einleitung (1)

Hauptteil mit Höhepunkt (2)

Schluss (3)

____ Da halfen auch die Entschuldigungen des Platzwartes nichts, dass ihm der Wasserschlauch plötzlich aus der Hand gerutscht und ziellos herumgewirbelt sei.

____ Als sie bei den Tennisplätzen ankam, wartete der Trainer schon. Ina sollte versuchen, möglichst viele Bälle sicher zurückzuschlagen. Aber sie war noch nicht so richtig wach. Außerdem schaute sie lieber zum Nebenplatz, wo der Platzwart mit dem Wasserschlauch arbeitete. Doch Vorsicht, da kam ein Ball angesaust! Ina sprang und hätte ihn beinahe erwischt. Aber was war das? Plötzlich stand sie unter einer kalten Dusche, die dann ebenso schnell wieder verschwand! War das ein Wolkenbruch? Ina war nun hellwach, aber leider auch klatschnass.

____ Gestern früh um sieben Uhr hatte Ina eine wichtige Trainingsstunde in ihrem Tennisklub.

Jede gute Erzählung besteht aus **Einleitung**, **Hauptteil** (mit Höhepunkt) und **Schluss**. Die Einleitung führt in das Erlebnis ein, der Hauptteil erzählt das Erlebnis, und der Schluss führt aus der Geschichte hinaus.

32 Eine aufregende Kanufahrt

Tamara erzählt von ihrem Kanuausflug. Leider sind in ihrem Aufsatz die einzelnen Teile durcheinandergeraten. Rahme die Einleitung grün, den Hauptteil rot und den Schluss blau ein.

Die Besatzung hatte uns wohl nicht bemerkt und ihre Übung zu früh begonnen. Der Kapitän entschuldigte sich über Lautsprecher bei uns. Tropfnass kehrten wir um.

Pünktlich um 10 Uhr trafen wir uns am Bootshaus. Als alles verpackt war, stiegen wir ein und paddelten los. Ich war ziemlich aufgeregt, denn es ist nicht einfach, durch die heftigen Wellen des Rheins zu fahren. Gerade war ein entgegenkommendes Schiff an uns vorbeigefahren, als plötzlich ein kalter Wasserguss auf mich herabfiel. Vor Schreck schloss ich die Augen. War ich unter eine Welle geraten? War ich ertrunken? Ich wagte kaum zu atmen. Ich hörte die anderen schimpfen und schreien. Vorsichtig öffnete ich die Augen. Ach, nein! Wir waren nur unter die Wasserfontänen des Feuerlöschbootes geraten.

Am Sonntag war strahlender Sonnenschein. Ich durfte meinen ersten Kanuausflug auf dem Rhein mitmachen.

33 Tamaras nasser Ausflug

Tamaras Aufsatz aus Übung 32 fehlt noch eine Überschrift. Wähle eine der Überschriften aus, und schreibe sie auf die Zeile. Wenn du möchtest, kannst du dir auch eine eigene Überschrift ausdenken.

So ein Schreck

Mein erster Kanuausflug

Eine kalte Dusche

____

Merk's dir!

Erzählungen haben eine **Überschrift**. Sie soll den Leser **neugierig** auf die Geschichte machen, aber nicht alles verraten.

34 Die magische Mundharmonika

Maria erzählt von ihrem Erlebnis im Zirkus. Lies den Text, und beantworte dann die Fragen in Stichworten.

Das blaue Wunder

Gestern haben Lena und ich im Zirkus einen lustigen Clown erlebt.

Er war groß, bunt und ganz dick. Immer wieder sauste er auf einem winzigen Roller durch die Manege. Dabei spielte er ein lustiges Lied auf einer riesigen Mundharmonika. Plötzlich flogen ganz viele blaue Noten aus seiner Mundharmonika. Eine flog bis zu uns herüber. Lena konnte sie auffangen. Wir haben uns riesig gefreut.

Auf dem Nachhauseweg konnten wir prima mit der Note spielen.

a) Wo spielt die Geschichte? ____________________

b) Wann spielt die Geschichte? ____________________

c) Wer sind die Personen? ____________________

____

35 Marias fantastisches Zirkuserlebnis

Hast du alle Fragen aus Übung 34 beantworten können? Prima! Wo hast du die Antworten gefunden? Kreuze an.

a) In der Einleitung ☐

b) Im Hauptteil ☐

c) Im Schluss ☐

In der **Einleitung** einer Erzählung nennst du die **Personen**, den **Ort** und die **Zeit**. So kann der Leser den folgenden Teil besser verstehen. Die Einleitung ist wie der Schluss recht kurz.

36 Spannende Schnitzeljagd

Janna, Timo und Simon haben gestern bei einer Schnitzeljagd im Wald eine tolle Geschichte erlebt. Lies zuerst den Hauptteil und danach die drei Einleitungen. Beantworte anschließend die Fragen.

Hauptteil:
Wir – Janna, Timo und Simon – gehörten zur zweiten Gruppe. Diese bestand aus uns drei Kindern und zwei Erwachsenen. Wir hatten schon mehrere Zeichen aufgespürt, die die erste Gruppe gelegt hatte. Bestimmt würde es uns bald gelingen, das Ziel zu erreichen. Aber was war das? Gab es kein neues Zeichen mehr? Das letzte Zeichen war ein Zettel an einem Ast. Darauf stand: „Links am dicken Baum mit der Moosschicht vorbeigehen." Das hatten wir doch gemacht, oder? Gab es vielleicht zwei dieser Bäume? Hatten wir etwa den richtigen Hinweis übersehen? Während wir überlegten und weitergingen, wurde der Boden immer weicher und feuchter. „Vorsicht!", rief Herr Mayer. „Hier ist ein gefährlicher Sumpf. Wir kehren sofort um."

Timos Einleitung:
Wir waren im Wald. Das war total spannend.

Simons Einleitung:
Am vergangenen Sonntag waren Janna, Timo und ich mit Freunden und Eltern im Wald. Wir machten eine Schnitzeljagd. Dabei gerieten wir in einen Sumpf. Wir sind rechtzeitig wieder umgekehrt.

Jannas Einleitung:
Am vergangenen Sonntag gingen Timo, Simon und ich mit unseren Eltern und zwei anderen Familien in den Wald. Dort machten wir eine aufregende Schnitzeljagd.

a) Wessen Einleitung ist zu lang und verrät zu viel, sodass der Hauptteil gar nicht mehr spannend werden kann?

____

b) Wessen Einleitung nennt weder Personen noch Zeit des Geschehens, sodass der Leser gar nicht weiß, wann die Geschichte sich ereignet hat und um wen es dabei geht?

____

c) Wessen Einleitung stellt die Personen, den Ort und die Zeit vor, ist aber trotzdem weder zu kurz noch zu lang?

____

37 Janna im Wald

Janna erzählt von ihrem Erlebnis im Wald. Lies dir Jannas Einleitung aus Übung 36 genau durch, und beantworte die Fragen.

a) Wer sind die Personen in dieser Geschichte?

____

____

b) Wo spielt die Geschichte?

____

c) Wann spielt die Geschichte?

____

38 Vorsicht, Sumpf!

Hast du Jannas, Timos und Simons aufregende Geschichte im Wald aus Übung 36 bereits gelesen? Toll, dann hast du bestimmt schon gemerkt, dass die Geschichte gar keinen Schluss hat. Erfinde selbst einen kurzen Schluss. Schreibe nicht mehr als zwei bis drei kurze Sätze in dein Übungsheft.

Ein **kurzer Schluss** führt aus der Erzählung hinaus und beendet sie.

39 Der freche Wellensittich

Wie mag die Geschichte mit Hansi, dem Wellensittich, wohl weitergehen? Ergänze ein oder zwei Schlusssätze in deinem Übungsheft.

Gestern Morgen wollte ich im Wohnzimmer mit Hansi, unserem Wellensittich, spielen.
Ich machte die Käfigtür auf und lockte ihn. Aber Hansi wollte nicht herauskommen. Da klingelte es an der Haustür. „Das ist bestimmt Vera“, dachte ich und lief zur Tür. „Komm herein! Wir können mit Hansi spielen“, sagte ich. In diesem Augenblick fiel mir das Wohnzimmerfenster ein. O Schreck! Schnell lief ich zurück. Da saß er auf der Fensterbank. Mir stockte der Atem. Aber dann sah ich, dass das Fenster geschlossen war.

40 Hansi, der Ausreißer

Lies die Einleitung zu der Geschichte aus Übung 39. Beantworte dann die Fragen mithilfe der Einleitung.

a) Wo spielt die Geschichte?

____

b) Wann spielt sie?

____

c) Wer ist beteiligt?

____

41 So ein Schreck!

Die Geschichte von dem beinahe entflogenen Wellensittich aus Übung 39 hat noch gar keine Überschrift. Wähle aus den folgenden Überschriften eine passende aus. Du kannst auch selbst eine erfinden.

Die offene Käfigtür

Noch einmal gut gegangen

So ein Schlingel

So ein Glück

Davongeflogen

____

42 Achtung, Dampfer!

Diese Bilder erzählen eine Geschichte. Wie mag sie wohl weitergehen? Ergänze das dritte Bild.

③

43 Ruderboot in Gefahr

Hier wird eine Geschichte zu den Bildern aus Übung 42 erzählt. Der aufregendste Teil der Geschichte fehlt aber. Erzähle, was passiert sein könnte. Schreibe den Höhepunkt in dein Übungsheft.

> In den Ferien fuhren Kai und Farida in einem Ruderboot auf den See hinaus.
> Sie freuten sich, denn sie kamen schnell voran.
> Sie wollten zu einer kleinen Insel fahren und dort ein Picknick machen. Gerade wollte Farida ihrem Freund ein großes Schiff zeigen, als …

44 Ninos Geschichte

Nino schreibt eine Geschichte zu den Bildern aus Übung 42. Lies den Text aufmerksam. Kreise danach den Hauptteil rot ein.

Gefährlicher Ausflug

Hanna und Heiner sitzen an einem sonnigen Nachmittag im Ruderboot.
„Rudern ist einfach toll!“, ruft Heiner. „Ich könnte auch ewig so rudern“, lacht Hanna. „Schau mal, da drüben ist ein großes Schiff!“, ruft sie gleich darauf. Als Heiner nach dem Schiff schaut, verliert er ein Ruder. Schnell versucht er es wiederzuholen. Dabei verliert er auch das zweite Ruder. Hanna schreit vor Angst und will ihm helfen. Dabei neigt sich aber das Boot zu einer Seite und kippt um. Die beiden fallen ins Wasser. Zum Glück sieht sie der Steuermann des großen Schiffes. Schon bald werden sie gerettet und schnell nach Hause gebracht.

Merk's dir!

Der **Hauptteil** ist der längste Teil einer Erzählung. Er führt zum **Höhepunkt** hin. Das ist die spannendste Stelle der Erzählung. Dann leitest du zum Schluss über.

45 Jetzt wird's spannend!

Lies den Hauptteil von Ninos Geschichte aus Übung 44. Unterstreiche dann die spannendsten Sätze im Hauptteil.

46 Bei Oma zu Besuch

Anne erzählt von ihrem unheimlichen Erlebnis auf dem Dachboden ihrer Großmutter. Lies ihre Geschichte, und unterstreiche dann die zehn Sätze mit dem Höhepunkt.

Eine unheimlich Begegnung

Am Freitag hatte ich meine Oma besucht. Sie wollte mir ihren alten Teddy schenken. „Wenn du ihn findest, kannst du ihn behalten", hatte sie gesagt. Wie der Blitz lief ich auf den Dachboden hinauf. Nun suchte ich schon eine ganze Weile. Aber ich konnte ihn einfach nicht finden. Ich hatte schon in drei Kisten geschaut. Wo konnte er nur stecken? Da gab es plötzlich einen lauten Knall. Und das Licht ging aus. Oh, ein Ungeheuer! Wie es da drohend vor mir stand! Wie unheimlich! Wie konnte ich bloß entkommen? Ich wollte schreien, aber vor lauter Angst konnte ich nicht. „O weh, schnell weg", dachte ich. Aber ich klebte am Boden fest. Da packte es mich und steckte mich in eine enge, dunkle Kiste. Bevor der Deckel zuknallte, wurde ich wach. Ein Glück, ich hatte nur geträumt!

47 Ein schreckliches Ungeheuer

Hast du den Höhepunkt in Annes Geschichte aus Übung 46 erkannt? Prima! Kreuze nun an, was du dort findest.

Ausrufe	☐	Gedanken	☐
langweilige Sätze	☐	ein Datum	☐
Fragen	☐	Gefühle	☐

48 Das neue Schlauchboot

Lies die folgende Geschichte. Etwas fehlt, nicht wahr? Mache an der Stelle ein rotes Kreuz, wo du gerne mehr wissen möchtest, z. B. die Gefühle und die Gedanken, die Art der Rettung usw.

Eine gefährliche Bootsfahrt

Am dritten Ferientag schien die Sonne, und das Meer war ruhig. Endlich konnten wir Jans neues Schlauchboot ausprobieren.
Schon eine ganze Weile schaukelten wir auf den sanften Wellen des Meeres. Der Strand und die Menschen wurden immer kleiner. Es war wunderschön. Wir vergaßen die Zeit. Allmählich wurde unser Boot immer schneller. Bald konnten wir den Strand nicht mehr sehen. Die Wellen wurden höher. Wir waren froh, als wir zwei Stunden später wieder heil am Festland waren.

Auf dem **Höhepunkt** beschreibst du, was die Personen denken und fühlen. Mit passenden **Ausrufen** und **Fragen** machst du den Höhepunkt besonders spannend.

49 Rettung in letzter Minute!

Sicher hast du erkannt, dass in der Geschichte aus Übung 48 der Höhepunkt fehlt. Stell dir vor, du wärst eines der Kinder. Was würdest du befürchten und hoffen? Wie seid ihr gerettet worden? Versuche, den fehlenden Höhepunkt in deinem Übungsheft zu schildern.

50 Alles auf einen Blick

In diesem Schaubild (Mindmap) siehst du auf einen Blick, was alles zu einer guten Erzählung gehört. Setze die Silben zusammen, und ergänze richtig.

Haupt- | Einlei- | Schluss- | Höhe- | Über-

-punkt | -satz | -teil | -tung | -schrift

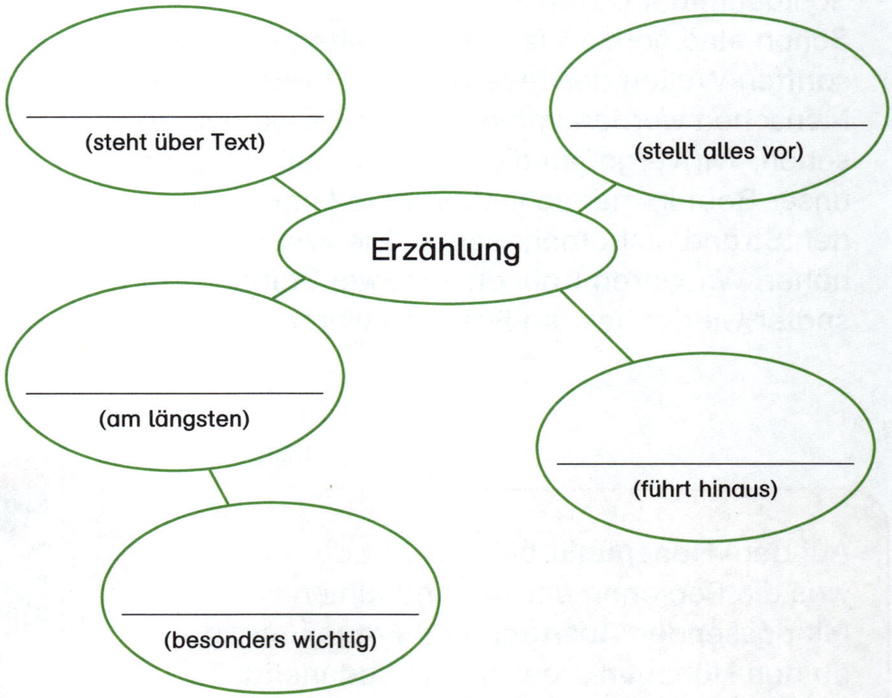

Schaubilder oder Mindmaps helfen dir, dir bestimmte Sachen zu merken, wie z. B. Aufsatzregeln. Das Anlegen einer Mindmap kann auch eine gute Vorbereitung zu einem bestimmten Aufsatzthema sein, z. B. wenn du Wissenswertes über ein Tier zusammenstellen willst.

51 Gut gemacht!

Ergänze jeweils den zweiten Satzteil. Dann hast du eine Zusammenfassung, wie du eine Geschichte gut erzählst.

die neugierig macht

spannendste Augenblick

kurz sein

Einleitung, Hauptteil und Schluss

a) Ich suche eine Überschrift, ______________________

____.

b) Ich denke an die drei Teile: ______________________

____.

c) Einleitung und Schluss müssen ____________________

____.

d) Im Hauptteil befindet sich der Höhepunkt. Das ist der

____

der Geschichte.

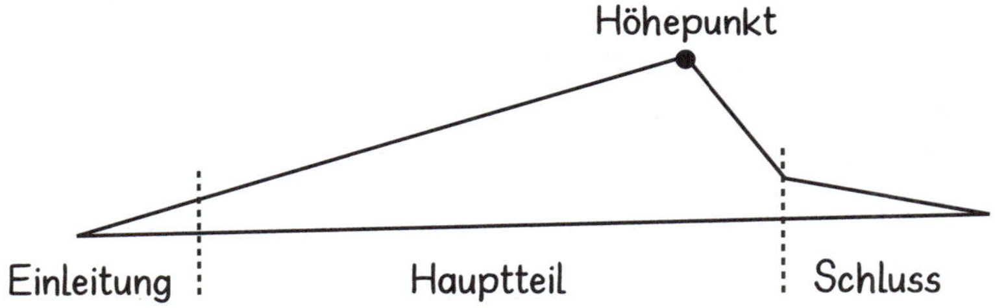

52 Auf dem Nachhauseweg

Suche dir einen der folgenden Anfänge aus, und erzähle die Geschichte in deinem Übungsheft zu Ende. Denke dabei an Ausrufe und Fragen, vor allem aber an den Höhepunkt. Der Schluss lässt die Geschichte ausklingen, muss aber zum Thema passen.

Anfang 1:
Gestern ist etwas Sonderbares geschehen. Es war schon dämmrig, als wir nach Hause gingen. Die Straßen waren ziemlich leer, und es regnete ein wenig. Wir freuten uns auf zu Hause. Gerade lachten wir über Petras Witz, als plötzlich …

Anfang 2:
Den ganzen Nachmittag hatten wir bei der alten Burgruine oberhalb unserer kleinen Stadt gespielt. Jetzt gingen wir müde nach Hause. Wir wollten gerade über den Marktplatz mit dem alten Brunnen gehen, als plötzlich …

Wenn du eine Geschichte zu Ende erzählen sollst, brauchst du Fantasie. Achte aber darauf, dass sie bis zum Schluss **zur Einleitung und zur Überschrift passt**. Gib deiner Geschichte also einen **„roten Faden“**. Denke daran, auf dem Höhepunkt auch die Gedanken und Gefühle der Personen zu erwähnen.

Erzähle immer nur **ein Ereignis**, sonst kann der Leser die Geschichte nicht verstehen.

53 Beim Schwimmwettkampf

In der folgenden Erzählung sind zwei Ereignisse durcheinandergeraten. Daher ist die Geschichte ziemlich unverständlich. Unterstreiche das eine Ereignis grün, das andere rot.

Ein spannender Wettkampf

Gestern waren Schwimmwettkämpfe in unserer Stadt. Mein Schwimmclub machte auch mit. Ich durfte als letzter Schwimmer bei der Staffel mitschwimmen. Als ich auf meinen Start wartete, war ich ganz aufgeregt. Mara ist die jüngste Springerin. Jan ist aus Versehen zu früh gestartet. Trotzdem hat sie das Turmspringen gewonnen. Sie war einfach spitze. Jans Mannschaft musste ausscheiden. Das war ein Glück für meine Mannschaft. Dennoch wurde es ein harter Kampf. Aber wir haben gewonnen. Ich wünschte, ich könnte so gut springen wie Mara.

Mit **wörtlicher Rede** machst du deine Geschichte **lebendiger**. Die wörtliche Rede setzt du in **Anführungszeichen**.
Beispiele:
Pia ruft: „Hallo Tom!“
„Kommst du mit?“, fragt Paul.

54 Im Zirkus

Gestern war Lia im Zirkus. In der folgenden Deutschstunde schreibt sie ihr Erlebnis auf. Doch leider hat sie die Anführungszeichen vergessen. Ergänze sie.

Sonderbar!

Gestern war ich mit meinen Freunden im Zirkus. Das war sehr schön, und wir mussten oft lachen. Besonders die Nummern mit den Clowns gefielen uns gut. Pino und Nino standen schon eine Weile in der Manege. Sie sahen beide sehr komisch aus. Nino hielt zwei winzige Fahrräder unter dem Arm. „Ich würde jetzt gerne Fahrrad fahren“, seufzte Pino. __ Das glaube ich dir __, nickte Nino verständnisvoll. __ Aber du hast ja leider keins. __ __ Ja, leider. Aber du könntest mir doch eins leihen __, bat Pino seinen Freund. __ Warum soll ich dir ein Fahrrad leihen? __, fragte Nino erstaunt. __ Weil du doch zwei hast __, sagte Pino. __ Ja, aber die brauche ich doch beide __, erklärte Nino freundlich dem verdutzten Pino. __ Du brauchst zwei Fahrräder gleichzeitig? __ Pino war ganz erstaunt. __ Ja, aber natürlich. Ich habe doch auch zwei Beine __, erklärte Nino. __ Da brauche ich doch für jedes Bein ein Fahrrad. Das ist doch logisch, oder? __ Dann stapfte der Clown hinaus. Pino setzte sich hin und dachte über Ninos Worte nach.

55 Was für eine Aufregung!

Bei den Planungen eines Klassenausflugs der 3b sind alle ganz aufgeregt. So reden sie laut durcheinander. Ergänze die Punkte, Ausrufe- und Fragezeichen.

a) Wir fahren um 8.15 Uhr ab____

b) Wie wird das Wetter____

c) Lenas Mutter fährt mit____

d) Peter, schreib das bitte an die Tafel____

e) Nehmen wir Spielsachen mit____

f) Gehen wir auch in den Wald____

g) Hilfe, Frau Ritter kommt mit____

h) Wir treffen uns hier um 8 Uhr____

i) O weh, wie schrecklich____

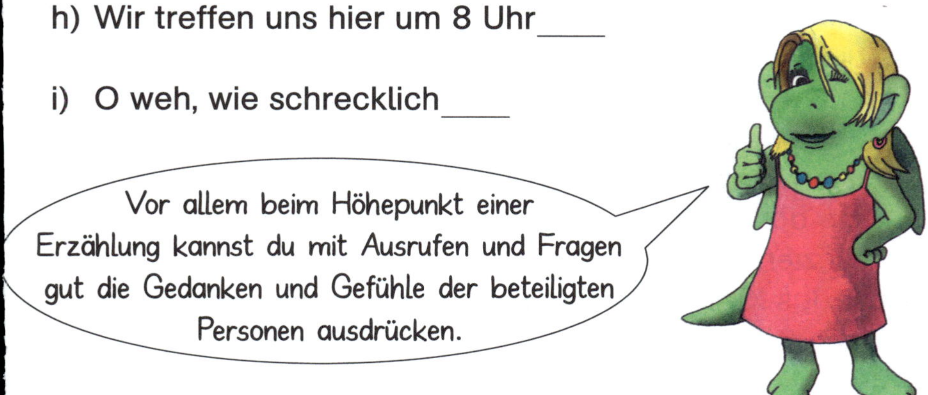

56 So ein Leichtsinn

In welcher der beiden folgenden Geschichten findest du diese drei Reizwörter? Unterstreiche sie.

Kind

Roller

Auto

Lauras Erzählung:

Gestern ging Klaus mit seinem Hund auf der Glockenstraße spazieren.
Dann wollte er sich ein Eis kaufen. Dann sah er ein Kind auf einem neuen Roller vorbeisausen. So einen Roller hatte er sich auch immer gewünscht. Dann stürzte das Kind. Dann fiel es in eine Pfütze, und der Roller knallte gegen einen Baum. Dann lief Klaus hin und half dem Kind beim Aufstehen.
Zum Glück hatte es sich nicht verletzt. Auch der Roller war heil geblieben.

Donalds Erzählung:

Auf der Nordstraße fuhr ein Kind mit seinem roten Roller hin und her.
Es fuhr ganz schnell und klingelte. Gerade überquerte es die Fahrbahn, als es einen kleinen Hund sah. „Hallo, Timmi, was machst du denn hier?“, fragte es erstaunt, ließ den Roller fallen und lief zu dem Hund. Plötzlich kam ein großes Auto um die Ecke. Bums, stieß es gegen den Roller. O je, der schöne Roller! Er wurde dabei ziemlich beschädigt.
Aber das Kind hatte Glück. Es bekam nur einen großen Schreck und weinte bitterlich.

57 Der Hund auf dem Kaffeetisch

Suche dir eine der folgenden Wortgruppen aus. Mit dieser Wortgruppe darfst du dann in deinem Übungsheft eine Geschichte erzählen. Bevor du deine Geschichte beginnst, stelle dir folgende Fragen: Wer sind die Personen?
Was tun sie?
Wo spielt die Handlung?
Wann spielt sie?

Hund – Kaffeetisch – Scherben

brennendes Auto – Junge – Feuerwehr

Wald – Spaziergang – Nacht

In einer **Reizwortgeschichte** musst du **alle Reizwörter** sinnvoll unterbringen. Sie sind für die Geschichte wichtig.

58 Im Garten

Hier siehst du eine Bildergeschichte. Leider sind die Bilder durcheinandergeraten. Nummeriere sie in der richtigen Reihenfolge.

59 Die gefräßige Katze

Erzähle in deinem Übungsheft die Geschichte zu den Bildern.

60 Im Burgmuseum

Zeichne eine Bildergeschichte zu dem Erlebnis von Felix und Carola.

Die geheimnisvolle Kiste

In den Ferien besuchten Felix und Carola das Burgmuseum. Sie betrachteten alles ganz genau. Nach zwei Stunden hatten sie alles gesehen. „Halt! Da ist ja noch eine Tapetentür!“, rief Felix und öffnete sie vorsichtig. „In dem winzigen Raum steht ja nur eine kleine Kiste!“, meinte Carola enttäuscht. Aber schon sprang Felix hin und öffnete sie. Carola blieb ängstlich an der offenen Tür stehen. Neugierig reckte sie den Hals. Felix hob den Deckel hoch. Hui, da sprang mit lautem Gekreische ein weißes Gespenst heraus. „Hilfe, Hilfe!“, schrie Felix und rannte zur Tür. Als er zurückschaute, las er auf dem Gespensterkleid: „Überraschung für neugierige Besucher“.
Da mussten beide lachen. So ein Gespenst wollten sie zu Hause auch basteln.

①

②

③

61 Die Falle

Florian hat die Fabel von der Krähe und der Maus nacherzählt. Streiche in seiner Nacherzählung die Sätze durch, die dazuerfunden und daher überflüssig sind.

Die Krähe und die Maus

Eine Krähe saß neben einem Mauseloch und krächzte: „Maus, komm doch heraus aus deinem Mauseloch. Wir könnten uns fein unterhalten." „Ha", flötete die Maus, „du willst mich doch bloß fressen." „Aber liebe Maus, niemals", antwortete die Krähe. Zögernd kroch die Maus heraus. Sofort hackte die Krähe zu. „Also doch", dachte die Maus und flüchtete zurück ins Mauseloch. (nach einem unbekannten Verfasser)

Florians Nacherzählung:

Eine Krähe saß neben einem Mauseloch. Das hatte sie vorher noch nie gesehen. Da die Maus nicht zu sehen war, rief sie: „Liebe Maus, komm heraus. Ich will mit dir reden."

Die Maus war sehr erstaunt. Sie konnte es kaum glauben. „Bestimmt willst du mich nur fressen", seufzte die Maus. Sie war heute sehr müde, denn sie war gerade von einem langen Ausflug zurückgekommen. „Aber meine Liebe, das würde ich doch niemals tun", antwortete die Krähe.

Vorsichtig kroch die Maus heraus, und sofort pickte die Krähe nach ihr. Wie der Blitz sauste die Maus zurück in das Mauseloch. Dann kuschelte sie mit ihren Kindern in dem gemütlichen Mäuseloch.

Bei einer **Nacherzählung** erzählst du das Wichtige in der **richtigen Reihenfolge**. Du erfindest nichts dazu.

62 Der gute Geist

Unterstreiche die acht wichtigsten Wörter im Text. Erzähle die Geschichte anhand dieser acht Stichworte nach. Schreibe die Nacherzählung in dein Übungsheft.

Rübezahl hilft einer Mutter

An einem heißen Sommertag saß Rübezahl auf einem Stein und ruhte sich aus. In der Nähe sammelte eine Frau Brennholz.

Da die Frau sehr traurig aussah, wollte Rübezahl gerne ihren Kummer wissen. Er verwandelte sich deshalb in einen Jäger, ging zu der Frau und fragte sie nach ihren Sorgen. „Ach Herr“, seufzte die Frau. „Ich bin eine arme Witwe und habe drei Kinder. Ich weiß nicht, wie ich sie ernähren soll.“ „Geh nur nach Hause“, ermunterte Rübezahl die arme Witwe. „Es wird alles gut werden.“ Guten Mutes nahm die Frau den Korb auf den Rücken und ging nach Hause.

Da er immer schwerer wurde, warf die Frau schließlich einen Teil des Holzes weg. Als sie zu Hause ankam, staunte sie sehr. In ihrem Korb lagen fünf zu Gold gewordene Holzstücke. Schnell lief sie in den Wald, um auch die fortgeworfenen Holzstücke zu nehmen. Aber die waren verschwunden.

Die fünf Goldklumpen reichten jedoch zu einem guten Leben. Die Frau und ihre Kinder waren dem Berggeist ihr Leben lang dankbar.

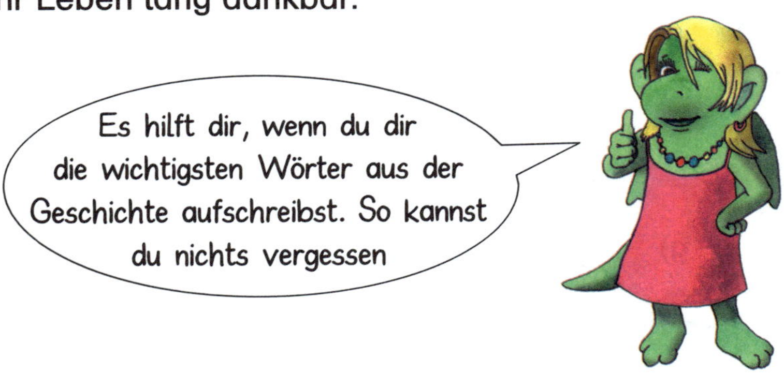

Einkaufszettel sind **Merkzettel**. Merkzettel halten **das Wichtigste** in Stichworten fest.

63 So viel zu behalten!

Jonas und Lena wollen gerade zu Mona und Jens gehen, als die Mutter kommt.
„Könntet ihr bitte ein paar Sachen für mich einkaufen? Aus dem Kaufhaus brauche ich dringend drei Rollen weißes Garn, fünf CDs und ein Paar Gummihandschuhe. Aus dem Supermarkt brauche ich ein Kilo Bananen, eine Salatgurke, einen Liter Milch und 250 Gramm Butter."
„Ob wir uns das alles merken können?", zweifelt Lena. Schnell schreibt Jonas einen Einkaufszettel. „Jetzt kann nichts mehr schiefgehen", sagt er lachend. Dann gehen die beiden los.

Schreibe das Wichtigste auf den Einkaufszettel.

a) ____________________

b) ____________________

c) ____________________

d) ____________________

e) ____________________

f) ____________________

g) ____________________

64 Ein Frühstück für die Eltern

Die Klasse 3a möchte ein Frühstück mit den Eltern veranstalten. Viele Vorschläge wurden als Stichworte an die Tafel geschrieben. Sortiere sie!

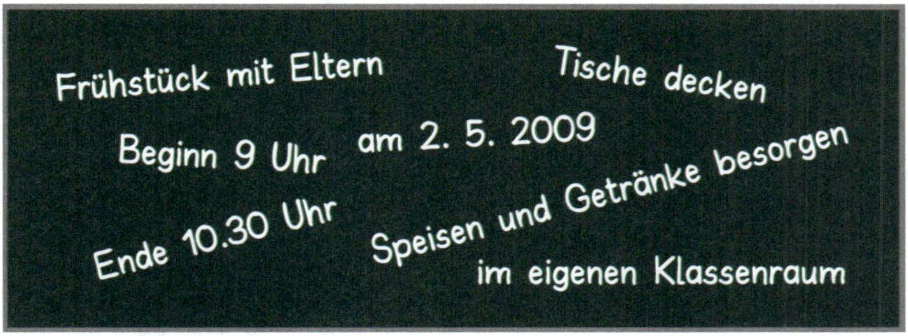

a) Was ist geplant? ______________________________

b) An welchem Tag soll es sein? ______________________________

c) Wo soll es sein? ______________________________

d) Von wann bis wann ist es? ______________________________

____

e) Was muss getan werden? ______________________________

____

65 Ein Ferientag am Meer

Laura hat mit ihren Eltern einen besonders schönen Ferientag am Meer verbracht. Abends erzählt sie ihrem Opa am Telefon davon: „Denk nur, Opi, gleich nach dem Frühstück habe ich meine Freundin getroffen. Wir haben auf der Sandbank Ball gespielt. Anschließend haben wir eine Burg gebaut. Am Nachmittag haben wir dafür den dritten Preis bekommen. Später haben wir noch einen lustigen Film gesehen. Der Tag war einfach perfekt.“

Jetzt will Laura die Ereignisse in Stichworten in ihr Tagebuch eintragen. Ergänze.

a) ____________________ getroffen

b) auf der ____________________ Ball ________________

c) eine ___________ gebaut

d) dafür den ______________ ___________ bekommen

e) _______________ Film ______________

In ein **Tagebuch** kann man alles hineinschreiben: schöne und traurige Erlebnisse, Gedanken und Träume. Das muss nicht immer eine ganze Geschichte sein. Wenn du keine Zeit hast, genügen auch **Stichworte**.

66 Lena will Tierärztin werden

In der letzten Stunde wurde in der 3a über Berufe gesprochen. Lies die Aussagen der Kinder, und trage jeweils den ausgesuchten Beruf in die Tabelle ein.

Lena: „Ich möchte Tierärztin auf dem Land werden, denn ich mag Tiere unendlich gerne.“

Daniel: „Ich koche am liebsten. Keiner kocht so gut wie ich. Ich werde auf jeden Fall Koch.“

Laura: „Ich singe so gerne. Deswegen werde ich Sängerin. Vielleicht sogar im Opernhaus wie meine Mutter.“

Anna: „Ich werde Astronautin. Ich will das Universum kennen-lernen. Vielleicht entdecke ich da was ganz Neues!

Lukas: „Ich finde gute Frisuren toll. Ich werde bestimmt der beste Friseur auf der ganzen Welt.“

Simon: „Ich werde entweder Bäcker oder Maurer. Beides finde ich spannend. Vielleicht mache ich erst das eine, dann das andere. Das geht bestimmt auch.“

Doris: „Ich weiß noch nicht, was ich mal werden möchte.“

Namen	Berufe
Lena	Tierärztin

67 Wo ist Kevin?

Als Kevin nachmittags das Haus verlässt, schreibt er eine Nachricht für seine Mutter. Mache einen Haken hinter die Fragen, die du anhand der Nachricht beantworten kannst.

Liebe Mama,

ich gehe um 15 Uhr zu Tom. Wir wollen ein neues Computerspiel spielen.
Gegen 18 Uhr bin ich wieder zurück.

Dein Kevin

a) An wen schreibt Kevin die Nachricht? ☐

b) Zu wem geht er? ☐

c) Was wollen die beiden tun? ☐

d) Wann kommt Kevin zurück? ☐

e) Von wem ist die Nachricht? ☐

Nachrichten enthalten **wichtige Informationen** für eine bestimmte Person. Sie sind immer kurz. Eine Nachricht besteht aus der **Anrede**, der **Mitteilung** und der **Unterschrift**.

Ein guter **Bericht** gibt Antwort auf diese **fünf Fragen:**
Wer? Wann? Wo? Wie? Welche Folgen?
Eigene Gedanken und Gefühle gehören nicht hinein.

68 Gegen einen Baum gefahren

Lies den folgenden Unfallbericht sorgfältig durch, und beantworte dann die Fragen in deinem Übungsheft.

Am Dienstag um 7.45 Uhr überquerte Marlon auf der Berliner Straße die Fahrbahn, um seinen Freund Florian zu überraschen. Dabei übersah er einen roten Personenwagen, der sich von links näherte. Der Fahrer bremste und versuchte auszuweichen. Dabei fuhr er gegen einen Baum. Marlon und der Fahrer kamen mit dem Schrecken davon, aber der Wagen wurde ziemlich beschädigt.

a) **Wer** war beteiligt?

b) **Wann** fand der Unfall statt?

c) **Wo** fand er statt?

d) **Wie** kam es zu dem Unfall?

e) **Welche Folgen** hatte der Unfall?

In einem **Brief** schreibst du den **Absender**, den **Ort mit Datum**, eine freundliche **Anrede**, den **Text**, einen netten **Abschiedsgruß** und die **Unterschrift**.

69 Grüße aus den Ferien

Hanna und Mirko aus Meppen haben in den Ferien nette Kinder aus Köln kennengelernt. Eines Tages schreiben sie ihnen folgenden Brief. Kreise die sechs Bestandteile eines Briefes jeweils in einer anderen Farbe ein.

Hanna und Mirko Wolf
Bachstr. 3
49716 Meppen

Meppen, den 12.10.2008

Liebe Mareike, lieber Leon!

Gerade kommen wir aus Juist zurück, wo wir eine herrliche Ferienwoche verbracht haben. Könnt ihr euch noch erinnern, wie wir uns dort im Sommer kennengelernt haben?
Wir haben uns wieder Fahrräder geliehen und dieselben Touren gemacht wie im Sommer. Das Pony Peter lebt noch, und ein Zirkus war jetzt auch da.

Herzliche Grüße senden euch

Hanna und Mirko Wolf

70 Ein Tag am Strand

Jan schreibt seiner Lehrerin einen Brief. Unterstreiche die Anredefürwörter.

Liebe Frau Schmitz,

seit einer Woche sind wir an der Ostsee. Kennen Sie Rügen? Da sind wir. Denken Sie nur, wir haben ein kleines Haus direkt am Strand. Jeden Tag spielen wir am Wasser. Das wäre bestimmt auch toll für Ihre Kinder. Grüßen Sie Ihren Hund Max von mir.

Liebe Grüße
Ihr Jan

Wenn du an eine Person schreibst, zu der du *Sie* sagst, werden die **Anredefürwörter** großgeschrieben. Schreibst du einer Person, zu der du *du* sagst, kannst du die Anredefürwörter klein- oder großschreiben.

71 Ein Besuch im Museum

In diesen beiden Briefen fehlen jeweils zwei wichtige Bestandteile. Ergänze sie.

Laura Kaiser
Schulstr. 5
26721 Emden

Gestern waren wir mit der Klasse im Stadtmuseum. Es war toll. Es gab dort viele Maschinen, die man in Bewegung setzen konnte. Wenn du mich das nächste Mal besuchst, zeige ich es dir.

Liebe Grüße schickt dir deine Laura

Stefan Klein
Hafenallee 17
18147 Rostock

Rostock, den 7.7.2009

Liebe Tante Mia!

Ich freue mich sehr, dass ich dich bald besuchen darf. Gehen wir auch wieder in den Zoo? Das finde ich immer am schönsten. Ich bringe dir auch etwas Schönes mit.

72 Ein schöner Ausflug

Mona beschließt, ihrer Oma in einem Brief von einem Klassenausflug zu erzählen. Setze die Verben in der 1. Vergangenheit in den Brief ein.

machen | springen | fahren | dürfen | rasten | wandern | essen | lernen

Mona Herten
Bankstr. 4
40477 Düsseldorf

Düsseldorf, den 02.06.2009

Liebe Oma!

Gestern machte ich mit meiner Klasse einen schönen Ausflug. Wir ________________ mit unserer Lehrerin Frau Keppler durch einen herrlichen Kiefernwald. Dort ________________ wir viel über Bäume und Vögel. Plötzlich ________________ zwei Rehe über den Weg. Später ________________ wir auf einer Waldwiese. Dort ________________ wir spielen. Zum Schluss ________________ wir unsere Brote. Nach dem Essen ________________ wir mit einem Bus nach Hause. Ich hoffe, es geht dir gut. Komm uns bald wieder besuchen.

Sei herzlichst gegrüßt,
deine Mona

73 Oma bekommt Post

Schreibe Monas Anschrift aus dem Brief aus Übung 72 als Absender auf diese Postkarte. Erfinde eine Adresse für Monas Oma.

Absender:

Name

Straße Hausnummer

Postleitzahl Ort

Empfänger:

Name

Straße Hausnummer

Postleitzahl Bestimmungsort

Über dem **Text** einer **Postkarte** sollte immer eine freundliche **Anrede** und unter ihm ein netter **Abschiedsgruß** und deine **Unterschrift** stehen. Die **Anschrift** des Empfängers gehört auf die rechte Seite. Deinen **Absender** kannst du auf die linke Seite über den Text setzen.

74 Eine wichtige Nachricht

Nico hat diese Postkarte an seine Oma geschrieben.
Was fehlt auf seiner Karte?

Liebe Omi,

gestern habe ich beim Wettrennen gewonnen.
In zwei Wochen werde ich an den Landesmeister-schaften teilnehmen.

Liebe Grüße

Frau
Lia Grün
Hornstr. 15
07745 Jena

____

____

Einladungen bestehen aus denselben **sechs Teilen wie Briefe**: Absender, Ort mit Datum, Anrede, Text, Abschiedsgruß, Unterschrift.

75 Du bist eingeladen

Ergänze die fehlenden Teile bei dieser Einladung.

____

____

____

____

____

Hiermit lade ich dich herzlich zu meiner Geburtstagsfeier am 24.2.2009 um 15 Uhr ein. Sie findet hier in unserer Wohnung statt und endet um 18 Uhr. Ich freue mich, wenn du kommst.

Liebe Grüße,

____

76 Ich habe Geburtstag

Schreibe selbst eine Einladung zu deiner Geburtstagsfeier. Wähle das Datum und die Uhrzeit frei aus.

77 Jacke gefunden

Beschreibe diese Jacke, die Fabian Meier gefunden hat, möglichst genau.

aus dünner, blauer Wolle gestrickt

blauer Kragen

zwei rote Streifen auf dem rechten Ärmel

rote Tasche auf der linken Vorderseite

goldene Knöpfe

Am 8.10.2008 habe ich eine Jacke gefunden.

Sie ist ______________________________.

Sie hat ______________________________

______________________________________.

Auf der linken V ______________________

______________________________________.

Der Kragen ist _________________________,

und die Knöpfe sind ____________________.

Die Jacke kann in der Klasse 3c abgeholt werden.

____

Wenn du einen **Gegenstand beschreiben** willst, nenne möglichst viele Einzelheiten. Beschreibe die **Größe**, die **Form**, die **Farbe**, das **Material** und **besondere Eigenschaften**.

78 Das verschwundene Handy

Letzte Woche haben gleich zwei Kinder ihre Handys in der Schule verloren. Beide hängen einen Zettel an das Schwarze Brett in der Schule. Kreuze den Zettel an, bei dem du dir das Handy besser vorstellen kannst.

a)

> Hallo,
>
> gestern habe ich mein Handy verloren. Es ist mausgrau. Ich würde mich freuen, wenn ich es wiederbekäme.
>
> Tom Platte

☐

b)

> Hi,
>
> vorgestern habe ich mein Handy verloren. Es ist aus silbernem Metall und 10 cm lang. Auf der hellen Unterseite ist ein kleines Hundebild aufgeklebt.
>
> Paul Hannen

☐

79 Wer ist denn das?

Finde heraus, welches Tier jeweils gemeint ist.

① Er hat ein kurzes, schwarzbraunes Fell und lange Hängeohren. Sein Maul läuft spitz zu. Wenn er auf vier kleinen, krummen Beinen läuft, wackelt er mit seinem langen und spitzen Schwanz.

Es ist ein ______________________.

② Am liebsten frisst es Gras. Es läuft nicht, sondern es hoppelt, denn seine Vorderbeine sind sehr kurz. Der Schwanz ist kurz und auf der Unterseite weiß. Die Ohren sind groß und tütenförmig.

Es ist ein ______________________.

③ Stolz schreitet er mit seinen langen, bunten Schwanzfedern über den Hof. Auf dem Kopf trägt er einen roten Kamm. Die starken Beine haben kräftige Zehen. Am liebsten weckt er früh morgens alle Leute auf.

Es ist ein ______________________.

Eine **Tierbeschreibung** soll, ebenso wie eine Personenbeschreibung, möglichst **genau sein**. **Treffende Adjektive** und **genaue Bezeichnungen** sind dafür nötig. Beschreibe, wie das Tier aussieht und was es tut. Meistens interessiert einen Leser auch, was es besonders gern macht oder hat.

80 Ein Tierrätsel

Streiche die Zettel durch, die nicht zu diesem Tier passen. Male die richtigen Aussagen gelb an.

- wohnt in Parks und Wäldern
- dichtes, rostbraunes Fell
- langer, buschiger Schwanz
- spitze Zähne
- große, dunkle Augen
- kleines, weißes Schwänzchen
- kann Nüsse aufknacken
- kleine, helle Augen
- klettert mühelos
- klettert ungeschickt
- springt geschickt von Ast zu Ast

Eine **Personenbeschreibung** sollte **möglichst genau** sein, damit man sich die Person gut vorstellen kann. Beschreibe die **Gestalt**, das **Gesicht**, die **Kleidung** und auch die **Vorlieben** oder die **besonderen Merkmale** dieser Person.

Merk's dir!

81 Der Clown Pepino

Jan hat einen ganz besonderen Freund, den Clown Pepino. Und so beschreibt ihn Jan. Versuche, den Clown nach Jans Beschreibung anzumalen.

Pepino ist ein fröhlicher Clown mit einer roten Nase und hübschen, blauen Augen.
Auf seinem knallroten Haar trägt er einen kleinen, schwarzen Hut mit einer gelben Blume.
Um den Hals hat er eine Schleife gebunden, die genauso hellblau ist wie seine lange Hose und seine riesigen Schuhe. Sein Hemd ist gelb. Am liebsten macht er Musik auf seiner grünen Ziehharmonika.

82 Meine Freundin Nora

Martin beschreibt seine Freundin Nora. Fasse seine Beschreibung in Stichworten zusammen.

Meine Freundin heißt Nora. Sie ist 8 Jahre alt, groß und schlank. Sie hat große, dunkelbraune Augen und ein schmales, braunes Gesicht. Ihre langen, schwarzen Haare hat sie meistens mit einem roten Band zusammengebunden. Alte, dunkelblaue Jeans und weiße Pullis trägt sie gern. Sie ist sehr fröhlich und bringt uns alle oft zum Lachen. Am liebsten rechnet und turnt sie.

a) Alter: ______________________________

b) Gestalt: ______________________________

c) Haare: ______________________________

d) Augen: ______________________________

e) Gesicht: ______________________________

f) Kleidung: ______________________________

g) Lieblingsbeschäftigung: ______________________________

____

h) Besondere Eigenschaften: ______________________________

____

Achte bei einer Beschreibung darauf, dass du nicht deine persönliche Meinung preisgibst. Schreibe stattdessen so sachlich wie möglich.

83 Leonie und die Waschmaschine

Diese Waschanleitung schreibt Oma für Leonie.
Lies sie, und beantworte unten die Fragen mit ja (**j**) oder nein (**n**).

Wollsachen waschen

- die Maschinentür schließen
- Waschpulver oben links in das Fach schütten
- den Schalter auf „Wolle" drehen
- die Wollsachen in die Waschmaschine stecken
- unten links den Wasserhahn öffnen
- auf die gelbe Anschalttaste drücken

a) Hat die Anleitung eine Überschrift? ____

b) Hat Oma treffende Verben verwendet? ____

c) Stimmt die Reihenfolge der Anweisungen? ____

d) Gibt es störende Wiederholungen? ____

Merk's dir!

Anleitungen und **Rezepte** sind Vorgangsbeschreibungen. Bei diesen ist es wichtig, dass die einzelnen Schritte in der **richtigen Reihenfolge** stehen. Verwende am besten **verschiedene Satzanfänge**, dann werden die Anweisungen für den Leser nicht zu langweilig. Achte auch auf die **richtigen Fachausdrücke**.

84 Lena bastelt

Lena bastelt einen Clownbleistift. Hier siehst du, was sie dazu braucht. Ergänze in der Bastelanleitung die fehlenden Ausdrücke.

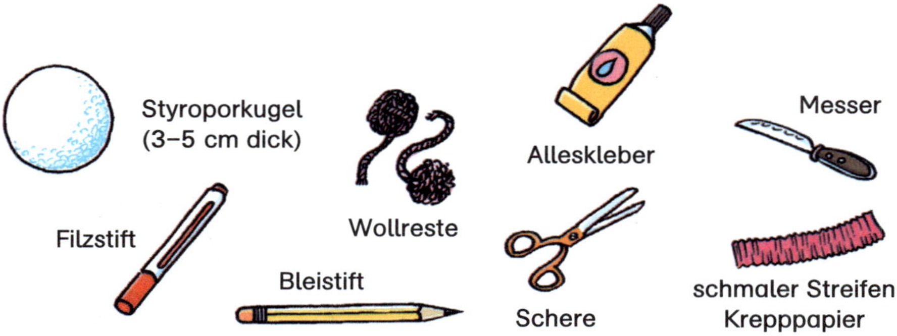

Krepppapier | Wollreste | Styroporkugel | Filzstiften | Alleskleber | Messer

1) Mit einem kleinen ______________ vorsichtig ein Loch in die ______________ schneiden, damit der Bleistift hineingesteckt werden kann.

2) Mit bunten ______________ ein Gesicht auf die Kugel malen.

3) Für die Haare alte ______________ in viele kurze Stücke schneiden.

4) Mit ______________ die Wollfäden an der Kugel festkleben.

5) Zum Schluss einen schmalen Streifen ______________ ______________ zu einer Schleife um den Bleistift binden.

85 Der lustige Clownbleistift

Lenas Freundin Vanessa möchte auch einen Clownbleistift haben. Also beschreibt Lena ihr, wie sie ihn bastelt. Doch irgendwie ist die Reihenfolge durcheinandergeraten. Nummeriere die Sätze in der richtigen Reihenfolge. Verbinde sie dann mit dem passenden Bild.

So bastle ich einen Clownbleistift:

5 Zum Schluss binde ich einen Streifen Krepppapier zu einer Schleife um den Bleistift.

____ Ich male mit bunten Filzstiften ein Gesicht auf die Kugel.

____ Mit einem kleinen Messer schneide ich vorsichtig ein Loch in eine Styroporkugel, damit der Bleistift hineingesteckt werden kann.

____ Mit Alleskleber klebe ich die Fäden fest.

____ Für die Haare schneide ich Wollreste in kurze Stücke.

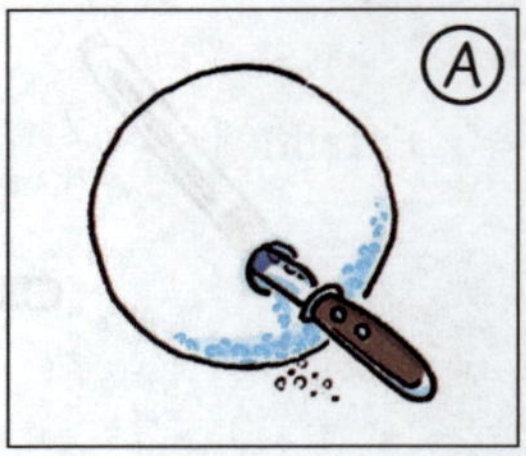

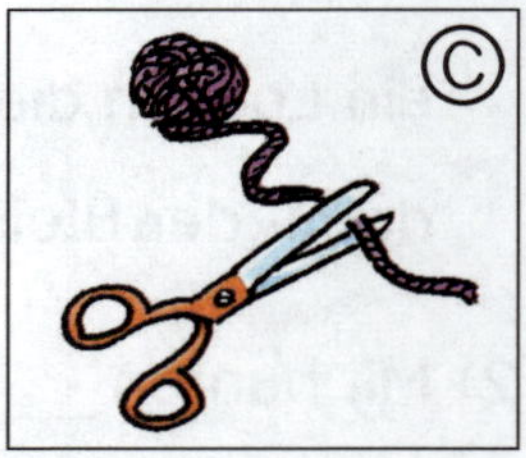

86 Ein Haus wird gebaut

Neben dem Haus der Familie Herten wird ein neues Haus gebaut. Wer tut was? Verbinde, was zusammengehört.

1) Mit dem Bagger wird die Baugrube ausgehoben.
2) Der Maurer baut die Mauern.
3) Der Zimmermann setzt den Dachstuhl auf.
4) Der Dachdecker deckt das Dach.
5) Der Glaser setzt die Scheiben ein.
6) Der Elektriker legt die Stromleitungen.
7) Der Installateur verlegt die Wasserrohre.
8) Der Plattenleger legt die Fliesen.
9) Der Maler streicht die Wände.

87 Patricks Gurkensalat

Patrick will Gurkensalat machen. Dazu braucht er verschiedene Sachen. Ordne sie.

Salatbesteck – Salz – Küchenmesser – ~~Salatschüssel~~ – Essig – ~~Öl~~ – Dill – Gurke – Pfeffer – Zwiebel – Raspel – Brettchen

Geräte	Zutaten
Salatschüssel	Öl

Wer nach einem Rezept backen oder kochen will, ist froh, wenn die Zutaten und Geräte übersichtlich aufgeführt sind. Dann sieht man mit einem Blick, was man alles braucht.

Du kannst ein **Rezept** in der Grundform, der Ich-Form, der Du-Form, der Man-Form, der Sie-Form, der Ihr-Form oder in der Befehlsform schreiben.

88 Heiße Schokolade

In Anjas Rezept fehlen noch die Verben. Ergänze jeweils das passende Verb in der richtigen Form.

bröckeln

gießen

lassen

erhitzen

gießen

schlagen

Heiße Schokolade für zwei Personen

1) Du ______________ die Milch in einen Topf.

2) Dann ______________ du die Schokolade hinein.

3) Nun ______________ du alles vorsichtig.

4) Wenn die Schokolade weich wird,

______________ du die Milch mit dem Schneebesen.

5) Jetzt ______________ du alles aufkochen.

6) Zum Schluss ______________ du die heiße Schokolade in die Tassen.

89 Lisa macht einen Fehler

Lisa hat Anjas Rezept für heiße Schokolade aus Übung 88 aufgeschrieben. Doch dabei ist die Reihenfolge durcheinandergeraten. Kreuze die beiden Anweisungen an, die im Rezept an der falschen Stelle stehen.

Heiße Schokolade für zwei Personen

Schneebesen – zwei Riegel Schokolade – Topf – ein halber Liter Milch – zwei Tassen

- ☐ Schokolade hineinbröckeln
- ☐ wenn die Schokolade weich wird, Milch mit dem Schneebesen schlagen
- ☐ Milch in einen Topf gießen
- ☐ alles aufkochen lassen
- ☐ heiße Schokolade in die Tassen gießen
- ☐ alles vorsichtig erhitzen

Treffende Verben sind bei Rezepten wichtig. Dann weiß man genau, was zu tun ist. Wichtig ist auch, dass die **Reihenfolge** der Arbeitsschritte stimmt.

90 Die besten Rezepte

Hier findest du noch einmal Tipps zum Schreiben von Rezepten, die du beachten solltest. Vorsicht! Es sind zwei falsche Sätze darunter. Streiche diese durch.

a) In der Überschrift muss das Gericht genau benannt werden.

b) Genaue Mengenangaben der Zutaten sind unnötig.

c) Die benötigten Küchengeräte müssen genannt werden.

d) Die Reihenfolge der einzelnen Schritte ist egal.

e) Küchengeräte und Zutaten schreibst du am besten jeweils untereinander. Das ist übersichtlicher.

f) Die Zutaten müssen mit der genauen Mengenangabe aufgeführt werden.

g) Die richtige Reihenfolge der einzelnen Schritte ist wichtig.

91 Angsthasen

Hier findest du Begriffe zum Thema *Angst*. Einige gehören jedoch nicht dazu. Schreibe die passenden Begriffe auf. Die falschen darfst du durchstreichen.

Herz klopft | hüpfen | weinen | schreien | lächeln | zittern | schreiben | gratulieren | feuchte Hände haben | lernen | Knie schlottern | Augen strahlen | schluchzen

____

____

____

____

92 Sportskanonen

Schreibe alle Wörter auf, die dir innerhalb von zwei Minuten zum Thema *Sport* einfallen. Es sollten wenigstens 12 Wörter sein (z. B. Ball, laufen, Hochsprung, unfair …).

____

____

____

____

____

____

93 Bist du wütend?

Hier findest du viele Adjektive und Substantive, die für Gefühle stehen. Verbinde die verwandten Wörter.

Wut	glücklich
Zufriedenheit	mutig
Glück	zornig
Angst	zufrieden
Trauer	wütend
Zorn	gleichgültig
Frohsinn	ängstlich
Mut	einsam
Neid	mitfühlend
Einsamkeit	froh
Heiterkeit	traurig
Gleichgültigkeit	heiter
Mitgefühl	neidisch

Eine **Wortfamilie** besteht aus verwandten Wörtern. Ihnen allen gemeinsam ist der **Wortstamm**, z. B. *-flieg-* (auch *-flug-* und *-flüg-*) bei der Wortfamilie *fliegen.*

94 Über den Wolken

Kreise die Wörter ein, die zur Wortfamilie *fliegen* gehören.

Flugzeug fließen abfliegen Flug Fluss

Ausflug vor flugbereit einfliegen eins

überfliegen Flügel versuchen fliegt liegen

Flieger hören flügge

95 Wer klettert auf den Apfelbaum?

Ergänze die fehlenden Wörter.

in | durch | unter | auf | gegen | über

a) Justus springt

_____________ den Zaun.

b) Die Kinder klettern

_____________ den Baum.

c) Der Tiger springt

_____________ den Reifen.

d) Der Hund springt

_____________ den Tisch.

e) Pia wirft die Puppen

_____________ die Kiste.

f) Anna fährt mit dem Roller

_____________ die Mauer.

96 Ein schöner Nachmittag

Lena erzählt ihrer Freundin, was ihr Bruder gestern alles zu tun hatte. Streiche das Verb *machen* in jedem Satz durch, und schreibe ein passenderes darüber. Die Verben auf den Kärtchen helfen dir dabei.

weiterbauen | schrieb | räumte | malte | mähen | rechnete

a) Zuerst machte Ben seine Matheaufgaben.

b) Dann machte er einen Aufsatz über seinen Hamster.

c) Anschließend machte er ein schönes Bild von unserer Stadt.

d) Um 17 Uhr konnte er endlich an seiner Legoburg weitermachen.

e) Später half er Großvater, das Gras im Garten zu machen.

f) Bevor Ben schließlich todmüde ins Bett ging, machte er seine Spielsachen weg.

Vermeide langweilige Verben wie *machen, sagen, tun.* **Treffende Verben** machen Geschichten **interessanter** und Sachtexte **genauer**.

97 Sag es treffender

Hier darfst du passendere Verben für die Ausdrücke mit *machen* suchen.

~~flicken~~ öffnen backen binden schließen
säubern aufräumen erschrecken malen

ganz machen
flicken

bange machen
____

Bilder machen
____

Kuchen machen
____

aufmachen
____

zumachen
____

sauber machen
____

Ordnung machen
____

einen Blumenstrauß machen
____

98 Die Lerndrachen reißen aus

Setze in diese Geschichte jeweils das treffendere Wort für *sagen* ein.

fragte | tuschelten | lachte | erklärte

erzählen | reden | rief

Soll ich dir meinen lustigen Traum ________________?

Ich übte gerade treffende Adjektive, als ich merkte,

wie zwei kleine Lerndrachen in meinem Lernheft leise

miteinander ____________________. „He, wieso könnt ihr

_____________?“, _____________ ich. „Ihr seid doch nur

gemalt.“ „Ha, ha!“, ________________ der eine und sprang

aus dem Buch. „Wir möchten gerne mit dir spielen“,

__________________ der andere und hüpfte auf den Tisch.

„Na, dann los!“, ___________ ich. Doch da wachte ich

leider auf.

99 Genug geredet

Hier sind viele Verben, mit denen du ausdrücken kannst, dass jemand etwas sagt. Welche gehören nicht dazu? Streiche sie mit einem Rotstift durch. Schreibe die Verben für *sagen* unten auf.

bemerken, verwenden, sprechen, erwidern, reden, regnen, springen, schimpfen, jammern, begegnen, erzählen, klagen, berichten, flüstern, entgegnen, tuscheln

bemerken, ______________________________

____

____

100 Immer nur Regen

Überlege, was der Regen alles kann. Vier Wörter gehören nicht dazu. Streiche diese durch.

pfeifen, prasseln, tropfen, spritzen, wehen, heulen, klatschen, trommeln, blasen, tröpfeln

101 Sehen oder gehen?

Hier sind zwei Wortfelder durcheinandergeraten.
Kannst du sie ordnen?

eilen, spähen, wandern, schauen, rennen, beobachten, bummeln, gucken, schleichen, anstarren, laufen, betrachten

gehen: ______________________________

____

____

sehen: ______________________________

____

____

102 Die Watschel-Ente

Hier findest du sieben Verben, die du anstelle von *gehen* gebrauchen kannst. Verbinde die zusammengehörenden Verben und Bilder. Wenn du es richtig gemacht hast, ergeben die Buchstaben in der Reihenfolge der Nummern ein Lösungswort.

6) kriechen

S

H

4) wandern

1) schleichen

E

5) krabbeln

T

R

7) hüpfen

3) watscheln

U

2) rennen

G

Lösungswort: __ __ __ __   __ __ __

1 2 3 4   5 6 7

103 Kräftig wie ein Löwe

Oft werden Menschen mit Tieren verglichen. So sagt man z. B. „Er ist fleißig wie eine Biene“. Hier findest du weitere Tiere und ihre Eigenschaften. Schreibe die entsprechenden Adjektive dazu.

emsig | stark | störrisch | listig

~~kräftig~~ | weiß | treu | schwarz

kräftig wie ein Löwe

_______________ wie ein Esel

_______________ wie ein Bär

_______________ wie ein Hund

_______________ wie eine Ameise

_______________ wie ein Fuchs

_______________ wie ein Rabe

_______________ wie ein Schwan

Mit **treffenden Adjektiven** kannst du deine Geschichte **lebendiger** und **anschaulicher** machen. Sachtexte werden durch treffende Adjektive **genauer**. Der Leser kann sich dann alles viel besser vorstellen.

104 Ganz schön sportlich!

Wie soll ein guter Sportler sein? Streiche die nicht zutreffenden Eigenschaften rot durch. Schreibe die passenden Adjektive unten auf.

geschickt schwach gelenkig ehrlich schnell
unfreundlich matt lahm unfair
freundlich kräftig aufrichtig kraftlos stark

schnell, ______________________________

____

____

____

105 Ein Besuch im Zoo

Am Sonntag war Lea mit ihrer Mutter im Zoo. Lies ihre Geschichte. Erzähle sie dann in deinem Übungsheft noch einmal in der Ich-Form. Benutze dabei einige dieser Adjektive. Du darfst auch Sätze dazuerfinden.

stark – mächtig – schwarz – schlau – klug – grau – kräftig – dick – klein – geschickt – flink – zierlich – schwerfällig – frech – jung

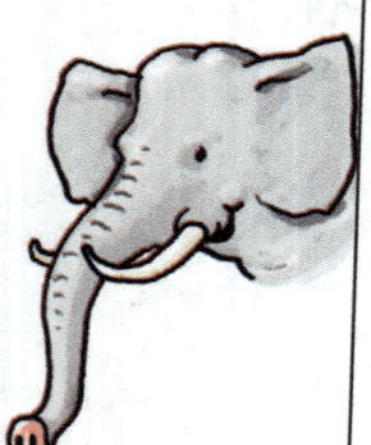

Ein Sonntag im Zoo

Gestern haben wir den ganzen Nachmittag im Zoo verbracht. Überall gab es viel zu sehen.
Die Affen flitzten über Äste und kletterten an Seilen. Ein Affe stibitzte mir meine Banane. Er sah so nett aus, dass ich ihm nicht böse sein konnte.
Der Löwe riss sein Maul weit auf und gähnte. Dann legte er sich auf die Seite und schlief. Ich glaube, er langweilte sich sehr.
Die Elefanten waren besonders toll. Ich durfte eine Runde auf einem Elefanten reiten. Der andere spritzte sich mit dem Rüssel viel Sand auf den Rücken.
Spitze waren auch die Lamas. Ein Lama bespuckte einen Jungen, der gerade einen Stein werfen wollte.
Am Abend gingen wir müde nach Hause.

106 Der zitronengelbe Pullover

Welche Farbe haben diese Sachen?
Schreibe so:

a) Mein Pulli ist gelb wie eine Zitrone. Er ist zitronengelb.

b) Mein Haar ist gelb wie Stroh. Es ist ________________.

c) Mein Apfel ist grün wie Gras. Er ist ________________.

d) Meine Jacke ist blau wie der Himmel.

Sie ist ________________.

e) Meine Bluse ist rot wie Blut. Sie ist ________________.

f) Meine Strümpfe sind weiß wie Schnee.

Sie sind ________________.

107 Was ist rot und eiförmig?

Hier findest du Adjektive, die dir helfen, Gegenstände zu beschreiben. Welche Adjektive beschreiben was? Ordne sie.

hellblau · winzig · riesig · länglich · hölzern · gläsern · eisern · handgroß · kreisrund · eiförmig · metallisch · viereckig · grün · mittelgroß · gelblich · rot

a) Form: ______________________________

____

b) Farbe: ______________________________

____

c) Größe: ______________________________

____

d) Material: ______________________________

____

108 Hell oder dunkel?

So viele Adjektive! Kannst du die Gegenteile richtig zuordnen?

sauber · lang · hart · tief · mutig · dunkel · klein · rund · langsam

a) hell – ______________________________

b) schmutzig – ______________________________

c) kurz – ______________________________

d) weich – ______________________________

e) groß – ______________________________

f) ängstlich – ______________________________

g) schnell – ______________________________

h) eckig – ______________________________

i) hoch – ______________________________

Du kannst deinen Wortschatz an Adjektiven erweitern, indem du zu möglichst vielen Adjektiven das Gegenteil suchst.

109 Lenas Märchenstunde

Lena hat das Märchen *Hänsel und Gretel* nacherzählt. Schau dir die Satzanfänge an: Welches Wort hat Lena besonders oft gebraucht?

____

Hänsel und Gretel

In einem großen Wald wohnten Hänsel und Gretel mit ihren Eltern in einem kleinen Haus. Sie waren sehr arm und hatten kaum etwas zu essen.
Dann verirrten sie sich im Wald und kamen an ein Häuschen, das aus Lebkuchen und Süßigkeiten gebaut war. Dann rissen sie ein paar Leckereien ab und aßen sie. Dann ging plötzlich die Tür auf, und eine alte Frau schaute heraus. Freundlich lud sie die Kinder in ihr Haus ein. Sie bekamen zu essen und durften in schönen Betten schlafen.
Dann sperrte die Frau, die eine böse Hexe war, den Hänsel am nächsten Tag in einen Stall. Sie wollte ihn mästen, um ihn eines Tages essen zu können. Dann musste Gretel im Haushalt helfen. Jeden Tag prüfte die Hexe, ob Hänsel fett genug war. Dann wollte sie nicht länger warten. Dann zündete sie Feuer im Ofen an, um ihn zu braten. Dann stieß Gretel sie mit aller Kraft hinein, und die Hexe musste verbrennen.
Gretel befreite ihren Bruder, und sie liefen mit den Schätzen der toten Hexe nach Hause.

Gleiche Satzanfänge sind langweilig für den Leser. Erzählungen werden **spannender** und Sachtexte **interessanter**, wenn du **verschiedene Satzanfänge** wählst, wie z. B. *danach, später, schließlich, nun, zum Schluss …*

110 Das Gespenst im Burgturm

Stelle die Satzglieder so um, dass jeweils zwei andere sinnvolle Aussagesätze entstehen.

a) Ina sucht flache Steine am Fluss.

____

____

____

b) Max sieht ein Gespenst im Burgturm.

____

____

____

c) Dora sucht alte Fotos im Keller.

____

____

____

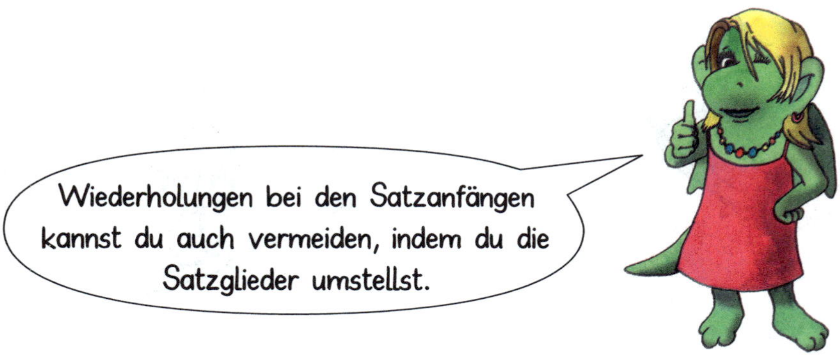

111 Auf dem Eis

Dirk erzählt von einem spannenden Erlebnis im letzten Winter. Doch leider verwendet er am Satzanfang häufig das Wort *dann*. Erzähle seine Geschichte noch einmal. Schreibe sie in dein Übungsheft. Stelle die Sätze um, oder verwende andere Satzanfänge.

Der Unfall

Ich fuhr im letzten Winter auf meinen Langlaufskiern am Thomassee vorbei. Dort sah ich ein Mädchen auf Schlittschuhen elegant über den See laufen.

Sie sauste rückwärts wie der Blitz. Dann machte sie immer wieder ganz tolle Sprünge. Dann fuhr sie schnell im Kreis herum. Dann drehte sie schließlich eine Pirouette. Sie konnte einfach prima laufen.

Ich schaute eine Weile zu. Dann fuhr sie wieder rückwärts. Dann stürzte sie plötzlich. Dann lag sie ganz still. Dann dachte ich, warum steht sie nicht endlich auf? Dann merkte ich, dass sie nicht aufstehen konnte. Da schnallte ich schnell meine Skier ab und ging zu ihr. Sie hatte sich den Knöchel verletzt. Dann rief ich den Krankenwagen.

Dann ist sie ins Krankenhaus gebracht worden.

Traurig bin ich nach Hause gefahren.

112 Im Winter

Stelle die Satzglieder so um, dass je zwei neue sinnvolle Sätze entstehen.

a) Lotte | sauste | wie der Blitz | über das Eis.

____

____

b) Opa | kaufte | seinem Enkel | neue Schlittschuhe.

____

____

c) Tobias und Verena | gehen | jeden Tag | zum Eislaufen.

____

____

113 Deutschstunde in der 3a

Frau Schneider spricht mit ihrer 3a über das Schreiben von Sachtexten. „Woran müssen wir bei jedem Aufsatz denken?“, fragt die Lehrerin. „Egal, ob es sich um einen Bericht, eine Anleitung, eine Beschreibung oder einen Brief handelt?“ Trage alle richtigen Antworten in die Liste ein.

wichtige Einzelheiten

____

____

____

____

____

114 Wie pflanzt man Tomaten?

Meike hat ihren Bericht über das Pflanzen von Tomaten an die Tafel geschrieben. Darunter siehst du mehrere Merkmale für einen guten Aufsatz. Eins davon hat Meike in ihrem Text nicht beachtet. Kreuze es an.

Beim Tomatenpflanzen

Jeron hat die ersten drei Pflanzen vorsichtig in ein Loch gestellt, und ich habe Erde hineingeschaufelt.

Gestern Morgen haben Jeron und ich sechs junge Tomatenpflanzen beim Gärtner gekauft.

Danach haben wir die Aufgaben getauscht.

Dazu haben wir, mit jeweils einem Meter Abstand zueinander, sechs tiefe Löcher gegraben.

Zum Schluss haben wir sie begossen.

Wir haben die kleinen Tomatenpflanzen an einen Stock gebunden, damit sie gerade wachsen können.

Gleich am Nachmittag haben wir sie in unseren Garten gepflanzt.

a) wichtige Einzelheiten ☐

b) verschiedene Satzanfänge ☐

c) die richtige Reihenfolge ☐

d) treffende Verben ☐

e) genaue Adjektive ☐

f) klare Sätze ☐

Damit deine Aufsätze immer besser werden, ist es wichtig, dass du jeden deiner Aufsätze **kritisch überprüfst**. Eine Liste mit allen Regeln für eine gute Textgestaltung, die du abhaken kannst, hilft dir dabei. **Überarbeite** dann deinen Aufsatz, und verbessere, was noch nicht so gut war

115 Eine gute Geschichte

Hier findest du Grundregeln für eine gute Textgestaltung bei einer Erzählung. Leider sind drei falsche Aussagen hineingeraten. Streiche diese durch.

a) immer nur ein Ereignis erzählen

b) den Personen Namen geben

c) auf Adjektive verzichten

d) auf wechselnde Satzanfänge achten

e) die wörtliche Rede gebrauchen

f) möglichst viele Sätze mit *dann* beginnen

g) treffende Verben benutzen

h) auf passende Adjektive achten

i) immer dieselben Verben benutzen

j) Ausrufe und Fragen verwenden

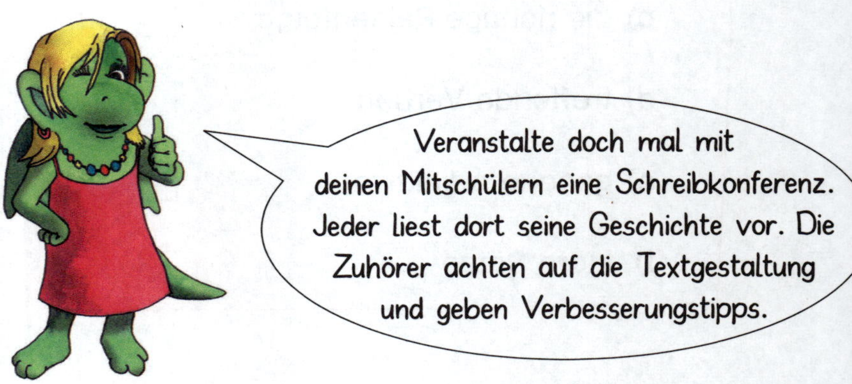

Jede Erzählung hat denselben **Aufbau**. Du beginnst mit einer kurzen Einleitung. Dann führst du deine Erzählung im Hauptteil zum Höhepunkt. Dabei musst du in mehreren **Erzählschritten** einen **Spannungsbogen** aufbauen. Der Höhepunkt ist die spannendste Stelle der Erzählung. Danach löst du die Spannung wieder auf und führst deinen Leser ans Ende der Geschichte. Ein kurzer Schluss schließt die Erzählung ab.

116 Unter Spannung

Trage die folgenden Begriffe in die Zeichnung vom Aufbau einer Erzählung ein.

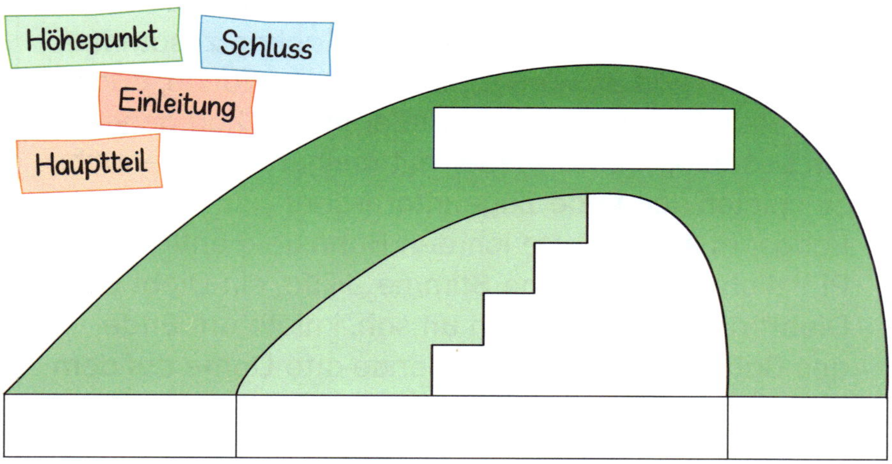

117 Ein nächtliches Abenteuer

Schreibe die Buchstaben der folgenden Erzählschritte auf die Stufen in der Zeichnung aus Übung 116.

A Bibbernd vor Angst tastete ich mich im Dunkeln die Treppe hinauf.

B Ich war ganz allein im Haus.

C Aus dem Dachgeschoss hörte ich ein klapperndes Geräusch.

Die **Einleitung** stellt die Personen, den Ort und den Zeitpunkt des Geschehens vor. Sie ist **kurz**, schreibe höchstens **zwei** Sätze.

118 Haltet den Dieb!

Lies die folgende Geschichte, und streiche dann die unwichtigen Sätze in der Einleitung durch.

Aufregung am Bahnsteig

Vor zwei Wochen stand ich auf Bahnsteig 16, um meine Oma vom Zug abzuholen. Meine Oma ist sehr nett. Ich mag sie sehr. Meine Oma kommt öfter zu Besuch. Da ihr Zug Verspätung hatte, musste ich fast eine halbe Stunde warten. Ich freute mich auf ihren Besuch. Wir machen immer tolle Sachen zusammen. Bestimmt wird es wieder eine schöne Woche, dachte ich. Vielleicht würden wir wieder in den Zoo gehen. Ich beschloss, bald wieder mit meiner Minieisenbahn zu spielen. Ich finde Züge interessant.

Langsam schlenderte ich den Bahnsteig entlang. Plötzlich hörte ich eine Stimme „Hilfe, ein Dieb! Ein Dieb!“ rufen. Als ich mich umsah, kniete am Ende des Bahnsteiges eine schreiende alte Dame auf dem Boden. Sie zeigte mit dem Finger auf eine junge Frau, die auf die Treppe zu lief. Gleich würde sie an mir vorbeilaufen. Was sollte ich tun? War sie wirklich eine Diebin? Sollte ich sie festhalten? Aber wie? Sollte ich auch schreien? Oder sollte ich so tun, als hätte ich nichts bemerkt? Als sie an mir vorbeilief, stellte ich ihr ein Bein. Sie stürzte. Als sie wieder aufstehen wollte, wurde sie von mehreren Leuten festgehalten. Es stellte sich heraus, dass sie tatsächlich die alte Dame angerempelt und ihr dabei die Geldbörse weggenommen hatte.

Schade, sie hatte so nett ausgesehen. Kurz darauf fuhr der Zug aus Hamburg endlich ein. Da konnte ich diese traurige Geschichte gleich meiner Oma erzählen.

119 Der Sturm

Die Erzählschritte für diesen Hauptteil sind durcheinandergeraten. Ordne sie mit den Ziffern 1 bis 5. Mit welchem Abschnitt beginnst du (Ziffer 1)?

Ⓐ Ganz plötzlich kam heftiger Wind auf. Die Wellen bekamen Schaumkronen, und das Boot schaukelte bedrohlich. Vor der dunklen Wolkenwand zuckten Blitze. ☐

Ⓑ „Hallo, Alex, gut dass du kommst!“, rief ich. „Lass uns ein Stück paddeln!“ Alex war nicht begeistert. „Ich habe die Schwimmwesten vergessen“, brummte er, „und so dürfen wir nicht raus.“ ☐

Ⓒ Wir schrien so laut wir konnten „Hilfe!“, obwohl uns klar war, dass uns bei dem Wind und den tosenden Wellen niemand hören konnte. ☐

Ⓓ Während wir uns eine ganze Weile treiben ließen, hatten wir nicht bemerkt, wie weit wir uns bereits vom Strand entfernt hatten. ☐

Ⓔ Erst durch einen Sirenenton wurden wir auf unsere Retter aufmerksam. Mit großer Erleichterung vernahmen wir eine Stimme aus dem Megafon: „Hier spricht die Küstenwache. Wir versuchen, uns von rechts eurem Boot zu nähern. Bleibt ganz ruhig und befolgt unsere Anweisungen!“ ☐

Merk's dir!

Der **Hauptteil** sollte **lang** und **spannend** sein. Schreibe darin, was die Personen sehen, hören, denken und fühlen. Das ist besonders an der **spannendsten Stelle** des Aufsatzes wichtig: beim **Höhepunkt**.

120 Maries erster Schultag

Lies dir den Anfang des Hauptteils zu Maries Geschichte gut durch. Verbessere ihn dann, indem du die Wörter in den Lückentext einsetzt.

Marie beeilte sich, damit sie nicht zu spät kam. Sie kam 10 Minuten zu spät in die Schule. Marie öffnete die Klassentür. Die anderen Kinder saßen alle an ihren Plätzen. Frau Schlau drehte sich zu Marie um.

trotzdem | längst | ärgerlich | rannte wie der Blitz | alle | sie fasste all ihren Mut zusammen und | auf gar keinen Fall

Marie ____________________________. Am ersten Schultag wollte sie ____________________________ zu spät kommen. ________________ erreichte sie erst 10 Minuten nach dem Gong den Klassenraum.

____

______________________ öffnete die Tür. __________ anderen Kinder saßen ____________________ an ihren Plätzen. ______________________ drehte Frau Schlau sich zu Marie um.

121 Nicht zu glauben

Unterstreiche in Oskars Fantasiegeschichte den Höhepunkt. Das ist die Stelle, an der Aufregung und Angst am größten sind.

Der geheimnisvolle Baum

Vor einer Woche spielten meine Freunde und ich im Stadtwald das bekannte Spiel „Bäumchen, Bäumchen, wechsle dich“, als etwas Aufregendes passierte.
Ich wollte gerade loslaufen, um meinem Freund den Baum „wegzuschnappen“, zu dem er hinflitzte, als Anna aufschrie: „Hilfe, lass mich runter!“ Da – noch ein Schrei. Dieses Mal war es Benno, der rief: „He, was soll das? Lass den Quatsch!“ Ich stoppte und wollte nach ihm sehen, als weitere Schreie aus der Luft ertönten. Alle meine Freunde waren weg! Plötzlich schlang sich ein Ast um meinen Körper und hob mich hoch. Ich war stumm vor Schreck. Was passierte da mit mir? Hoch oben im Baum wurde ich auf einen Ast gesetzt. Oh, da waren die anderen ja schon alle. Sie zitterten ebenso vor Angst wie ich. Da rief Nina erstaunt: „Oh, seht nur die vielen Blumen um uns herum. Wie sie duften!“ Und Tim flüsterte: „Und diese bunten Schmetterlinge und Vögel!“ „Und dort“, murmelte ich, „Frösche, fingernagelgroße rote Frösche!“ Sie sprangen und quakten in winzigen Teichen herum, die in einigen Blättern zu finden waren. Kaum hatten wir uns an all das Schöne gewöhnt, als sich wieder dünne lange Äste um uns schlangen und uns vorsichtig nach unten brachten.

Der **Höhepunkt** darf in keiner Erzählung fehlen. Er befindet sich immer im Hauptteil. Hier schilderst du die **Gedanken** und **Gefühle** der beteiligten Personen mithilfe von wörtlicher Rede, Ausrufen und Fragen.

122 Achtung, Tiere!

Mirko und Pia haben Erzählungen geschrieben, in denen es um ein Erlebnis mit Tieren geht. Lies die beiden Hauptteile durch. Kreuze dann die richtigen Antworten an.

Mirkos Hauptteil:
„Endlich", dachte ich, „kommen wir wieder auf eine normale Straße." Mein Onkel gab Gas. Der Schwung drückte mich in den Sitz, aber ich hatte keine Angst. In der nächsten Rechtskurve tauchte etwa 100 Meter neben uns ein Rudel Rehe auf. Wir fuhren schnell an ihnen vorbei. Glücklich stieg ich am Ziel aus dem Auto.

Der Text hat einen Höhepunkt. ☐

Der Höhepunkt fehlt. ☐

Pias Hauptteil:
Ein Radfahrer streifte mich. Empört schaute ich mich um und sah einen Zoowärter heftig in die Pedale treten. Ein zweiter folgte ihm. Ein dritter raste ihnen mit einem Elektrofahrzeug nach. Er rief einem Kollegen mit Schubkarre zu: „Ein Affe ist los! Alle Mann mithelfen!" Ich rannte ihnen nach und suchte durch das dichte Gebüsch eine Abkürzung zum Affenhaus. Plötzlich stolperte ich über etwas Weiches. Es quiekte, ich stieß einen Schrei aus. Koko, das Affenkind, schaute mich ängstlich an.

Der Text hat einen Höhepunkt. ☐

Der Höhepunkt fehlt. ☐

123 Aufregung auf dem Campingplatz

Erzähle den fehlenden Höhepunkt in der folgenden Erlebniserzählung in drei bis vier Sätzen.

Eine stürmische Nacht im Zelt

Vor drei Jahren zelteten meine Familie und ich auf einem Campingplatz an einem kleinen Fluss. Meine Schwester und ich schliefen in einem kleinen Zelt neben dem großen meiner Eltern.
Nachdem es am Tage zunächst sehr warm und sonnig gewesen war, bedeckte sich der Himmel am Nachmittag. Dunkle Wolken zogen auf. Gegen Abend fing es schließlich an zu regnen. Da es draußen so ungemütlich und kühl war, zogen wir uns bald in unser Zelt zurück. Wir kuschelten uns in unsere Schlafsäcke und lasen ein wenig. Der Wind wurde immer heftiger. Er schüttelte die Zeltwände und riss an den Seilen. Heftiger Regen prasselte vom Himmel.
Wir waren froh, als wir mit Hilfe unserer Eltern das Zelt verlassen konnten. Am nächsten Morgen bauten wir unser Zelt wieder auf.

Merk's dir!

Schreibe zu jeder Erzählung eine **Überschrift**, die den Leser **neugierig** macht. Achte beim **Schluss** darauf, dass er **kurz** ist und zum Thema passt. Er darf keine neuen Fragen aufwerfen.

124 Nachts auf dem Campingplatz

In dieser Traumgeschichte fehlen Überschrift und Schluss. Ergänze beide Teile.

____

Gleich am ersten Tag der Sommerferien sind wir mit unserem Wohnwagen losgefahren. Abends erreichten wir einen Campingplatz neben einem kleinen See. Er lag mitten im Wald. Wir waren alle sehr müde. Meine Eltern und mein Bruder schliefen bald ein. Aber ich war so aufgeregt, dass ich noch lange wach lag. Plötzlich fühlte ich, wie der Wagen wackelte und schaukelte. Wie konnte das nur möglich sein? Vorsichtig schaute ich aus dem Fenster neben meinem Bett. Weit unter uns lag der Wald. Und mitten drin blinkte der See. Der gelbe Mond spiegelte sich darin. Das ist ja wunderschön! Wir schweben ja! Doch plötzlich senkte sich das Auto nach unten und sauste auf den See zu. „Hilfe, wir ertrinken! Hilfe!“, schrie ich ganz aufgeregt. „Was ist denn los mit dir?“, hörte ich meine Mutter fragen. „Warum schreist du so?“

____

____

Bei einer Traumgeschichte erzählst du den Traum nur im Hauptteil. Einleitung und Schluss bleiben in der Wirklichkeit.

125 Die Hütte im Wald

Welche Überschrift passt am besten zur folgenden Erzählung? Kreuze an.

a) Ein Reh namens Kitzi ☐

b) Tollwutgefahr ☐

c) Herbstferien in der Waldhütte ☐

Wir verbrachten die Herbstferien in einer einsamen Hütte im Wald. Am zweiten Tag rief mein Bruder: „Kommt schnell! Hier liegt ein Reh." Vater mahnte: „Vorsicht, es könnte Tollwut haben." Aber unsere Eltern entdeckten eine blutende Wunde am rechten Hinterlauf. Der Förster erlaubte uns die Pflege und gab uns wichtige Tipps. Nach vier Tagen war das Reh fast wieder gesund. An unserem letzten Ferientag nahm es der Förster mit zu sich nach Hause. Später schickte er uns ein Foto von „Kitzi", das ihn noch oft im Forsthaus besuchte.

126 Im Maisfeld gefangen

Kreuze an, welcher Schluss am besten aus der Erzählung herausführt.

Inzwischen hatte es zu regnen begonnen. Darum konnte ich mich auch nicht am Sonnenstand orientieren. Ich wusste schon lange nicht mehr, wie oft ich im Maisfeld die Richtung gewechselt hatte.

a) Ich hoffte, dass Annika und ihr Vater mich inzwischen suchten. Außerdem überlegte ich, ob die Kutsche wohl ein Dach hatte. ☐

b) Zaghaft rief ich: „Hallo, wo seid ihr?" „Nun komm endlich, wir warten auf dich!", antwortete Annikas Vater lachend. So nah war ich also am Ausgang. ☐

127 In den Himmel geflogen

Hier findest du Sabines Aufsatz über ein Erlebnis mit ihrem neuen Drachen. Leider vermischt sie zwei Ereignisse miteinander. Streiche die Sätze durch, die *nicht* zum Erlebnis mit dem Drachen gehören.

Mein neuer Drachen

Gestern Nachmittag spielte ich mit meinen Freunden am Strand. Nina, Farida und Fabian bauten an einer großen Burganlage, während ich meinen neuen Drachen steigen ließ. Die Sonne schien, und es blies ein heftiger Wind. Mein Drachen stieg höher und höher. Lange Zeit blieb er an derselben Stelle. Viele Leute schauten meinem Drachen nach und freuten sich mit mir. „Wie hoch er steigt!", staunten sie. „Halt ihn gut fest, damit er nicht davonfliegt", meinte eine ältere Dame. „Na klar", antwortete ich, „schließlich ist er ja ganz neu." Nina und Farida schaufelten immer mehr Sand auf die Burg. „Helft mir doch endlich beim Wassergraben, die Burg ist hoch genug", brummte Fabian. An einer Stelle stand er schon bis zu den Waden im Graben. Eine Windböe riss heftig an meiner Kordel, aber ich hielt meinen Drachen ganz fest. Plötzlich wurde der Wind so heftig, dass ich ein paar Schritte laufen musste. „Hilfe!", kreischte Fabian, und die Mädchen schrien ganz fürchterlich. Eine große Welle schwappte in den Wassergraben. Die drei Burgenbauer wurden ganz nass. In ihrem Eifer hatten sie gar nicht gemerkt, dass die Flut immer näher gekommen war. Da stolperte ich über einen Stein und fiel hin. Vor Schreck ließ ich die Schnur los, und mein Drachen flog davon. Ich weinte sehr, denn ich ärgerte mich ganz schrecklich. Hätte ich nur besser aufgepasst! Ein paar Tage später fand ich meinen Drachen fast unversehrt bei einem Spaziergang durch die Dünen wieder. Ihr könnt euch nicht vorstellen, wie ich mich gefreut habe!

Gedanken und Äußerungen von Personen, die in Erzählungen vorkommen, solltest du in Form von **wörtlicher Rede** in deinen Text einfügen. Wörtliche Rede macht deine Erzählung **lebendig**.

128 Ringel Rangel Zwiebelfeld

Mache diese Sätze spannender, indem du die Begleitsätze der wörtlichen Rede in die Mitte oder an das Ende verschiebst. Schreibe die Sätze in dein Übungsheft.

Beispiel: Mama sagte: „Ich gehe jetzt einkaufen. Soll ich dir etwas mitbringen?“
wird zu:
„Ich gehe jetzt einkaufen. Soll ich dir etwas mitbringen?“, sagte Mama.
„Ich gehe jetzt einkaufen“, sagte Mama. „Soll ich dir etwas mitbringen?“

a) Lea flüsterte: „Versteck dich! Sonst finden sie uns noch!“
b) Der Magier begann: „Ringel Rangel Zwiebelfeld, Tobi hat jetzt ganz viel Geld!“
c) Frau Motzki schimpfte: „Spielt gefälligst woanders! Sonst hole ich die Polizei!“
d) Emma fragt: „Kann man für etwas bestraft werden, das man nicht gemacht hat? Ich habe meine Hausaufgaben nämlich nicht gemacht.“
e) Papa stellt fest: „Du bist sehr schlau! Das hast du bestimmt von Mama.“

129 Auf dem Jahrmarkt

Letzte Woche war Luisa auf dem Jahrmarkt.
Diese Geschichte erzählt sie am folgenden Tag.
Unterstreiche die Ausrufe und Fragen.

Glück gehabt!

Nun war ich schon seit zwei Stunden auf dem Jahrmarkt. Ich konnte mich nicht entscheiden, wofür ich mein Geld ausgeben wollte.
Bald stand ich zum dritten Mal vor der Geisterbahn. Sie reizte mich wirklich am meisten. Aber sie war auch ganz schön teuer. Eine lange Menschenschlange stand vor dem Kassenhäuschen. Das wird bestimmt toll, dachte ich gespannt. Endlich war ich an der Reihe. „Kinder 3 Euro“, sagte die Kassiererin. Schnell wollte ich meine kleine, weiße Geldbörse aus der Hosentasche nehmen.
Na, wo war sie denn nur? In der linken Tasche war sie nicht, in der rechten auch nicht. Bestimmt in der Jackentasche! Auch nicht? Das war doch nicht möglich! Ich wurde immer aufgeregter. Hinter mir drängelten die Leute. Bestimmt könnt ihr euch meine Aufregung vorstellen. „Da liegt was auf dem Boden!“, rief ein Junge hinter mir. „Vielleicht ist es das, was du suchst.“ Tatsächlich! Es war meine Geldbörse. Da hatte ich ja noch mal Glück gehabt. Erleichtert bezahlte ich die Eintrittskarte.

Ausrufe und **Fragen** machen eine Erzählung **spannend** und **lebendig**. Damit teilst du dem Leser die Gedanken und Gefühle der Personen mit.

130 In der Klasse 4c

Die Klasse 4c hat sich mit ihrer Lehrerin zusammengesetzt. Die Kinder überlegen, was sie bei einer guten Erzählung beachten müssen. An der Tafel stehen viele Behauptungen. Kreuze die richtigen Behauptungen an. Schreibe ihre Buchstaben in die Sprechblase. Sie ergeben das Lösungswort.

1) Wir erzählen immer nur ein Ereignis. ☐ V
2) Jede Geschichte besteht aus Einleitung, Hauptteil und Schluss. ☐ I
3) Die Satzanfänge sollten immer gleich sein. ☐ A
4) Jede Geschichte braucht einen „roten Faden“. ☐ E
5) Treffende Verben machen eine Geschichte langweilig. ☐ M
6) Passende Adjektive machen eine Geschichte anschaulich. ☐ L
7) Wir bleiben immer in derselben Zeit, Ausnahme darf der Höhepunkt sein. ☐ E
8) Der Hauptteil muss kurz und langweilig sein. ☐ N
9) Ausrufe und Fragen machen die Geschichten spannend und lebendig. ☐ R
10) Der Schluss muss kurz sein und zum Thema passen. ☐ F
11) Die Einleitung sollte ausführlich sein. ☐ S
12) Die Überschrift ist wichtig. Sie muss den Leser neugierig machen. ☐ O
13) Die wörtliche Rede macht eine Geschichte lebendiger. ☐ L
14) Die Personen sollten Namen haben. ☐ G
15) Der Höhepunkt sollte immer fehlen. ☐ B

Für deine Aufsätze wünschen wir dir ___ ___ ___ ___ ___ ___ ___ ___ ___ ___ ___!

Du kannst aus denselben **Reizwörtern** ganz unterschiedliche Geschichten schreiben. Du darfst die Reizwörter dabei in einer **beliebigen Reihenfolge** verwenden. Sie müssen aber **alle** vorkommen und für die Handlung eine **tragende Bedeutung** haben.

131 Opas Ballonfahrt

Unterstreiche immer die drei Reizwörter, die in jedem Text vorkommen.

Mein Opa hatte bei einem Wettbewerb den ersten Preis gewonnen: eine Ballonfahrt. Oma und ich brachten ihn zum Start an die holländische Grenze. Jetzt merkte ich Opa die Aufregung doch ein wenig an. Endlich stieg er in den Korb. Der bunte Ballon füllte sich mit heißer Luft und hob ab. Ich fuhr mit Oma im Auto zu dem vorgesehenen Landeplatz.

In Hamburg ging ich mit meiner Oma zur Eröffnung eines Einkaufszentrums. Erst hatte ich keine Lust, musste aber bald zugeben, dass es mir gefiel. Bei einem Wettbewerb schrieb ich meine Adresse auf eine Postkarte. Diese wurde an einem mit Gas gefüllten Ballon befestigt und auf die Reise geschickt. Mein Ballon war weit über die dänische Grenze geflogen. So habe ich dort einen Brieffreund gewonnen.

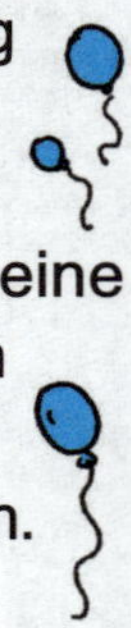

Während des Faschings veranstaltete das Bastelgeschäft in meiner Straße einen Wettbewerb. Die fünf besten Masken sollten prämiert werden. Nach einer Anleitung im Kunstunterricht bastelte ich meine Maske aus einem Ballon, auf den man mit Tapetenleim zunächst eine dicke Schicht Papier klebt. Ich habe eine Reise mit der Bahn nach Österreich gewonnen. So bin ich zum ersten Mal mit dem Zug über eine Grenze gefahren.

132 Eine gefährliche Bootsfahrt

Kai hat sich zu den Reizwörtern *Küstenwache, Schlauchboot, Gewitter* eine Wörterliste angelegt. Ordne die Stichworte nach den folgenden Fragen.

Sommerferien · Sonne sticht · Ostsee · Freund Alex · Schlauchboot · mir ist langweilig · Eltern · Strandkorb · eingeschlafen · Gewitter · Wellen · abgetrieben · Küstenwache · Motorboot

a) Wer sind die Personen, die in der Geschichte vorkommen?

____

____

b) Was tun die Personen?

____

____

c) Wo spielt die Handlung? ____________________

d) Wann spielt sie? _________________________

Sammle erst einmal in einer Stichwortliste alle Begriffe, die dir zu den Reizwörtern einfallen. Anschließend sortierst du sie.

133 Auf offener See

Kai hat seine Stichworte aus Übung 132 zu Erzählschritten ausgestaltet. Aber sie sind durcheinandergeraten. Schreibe die richtige Reihenfolge unten auf.

Ⓐ Am vorletzten Tag war es furchtbar heiß.

Ⓑ In der ersten Woche habe ich mich mit Alex angefreundet. Er hatte ein Schlauchboot.

Ⓒ Mir war langweilig. Meine Eltern waren im Strandkorb eingeschlafen. Endlich tauchte Alex mit seinem Boot auf.

Ⓓ Ich war in den Sommerferien mit meinen Eltern an der Ostsee.

Ⓔ Wir wollten zurück an den Strand, wurden aber immer weiter abgetrieben.

Ⓕ Obwohl unsere Eltern sehr glücklich über unsere Rettung waren, machten sie uns Vorwürfe, dass wir uns bei ihnen nicht abgemeldet hatten.

Ⓖ Plötzlich begann das Boot in den Wellen heftig zu schaukeln. Ein Gewitter kam auf.

Ⓗ In unserer Verzweiflung bemerkten wir das Motorboot hinter uns nicht. Es war die Küstenwache.

___ → ___ → ___ → ___ → ___ → ___ → ___ → ___

So solltest du bei **Bildergeschichten** vorgehen:

1. **Betrachte** die Bildergeschichte in Ruhe.
2. **Überlege**, was **vor**, **zwischen** und **hinter** den Bildern geschieht.
3. Schreibe **Stichworte** auf.

134 Ein unfreiwilliges Bad

Schreibe zu jedem Bild ein paar Stichworte in dein Übungsheft.

135 Ein Fehltritt mit Folgen

Überlege, was zwischen den Bildern aus Übung 134 geschieht. Schreibe jeweils zwei Sätze.

a) ... zwischen Bild 1 und 2:

____

____

b) ... zwischen Bild 2 und 3:

____

____

136 Besetzt!

Sieh dir die Bilder genau an. Schreibe dann die Zahlen von 1 bis 4 in der richtigen Reihenfolge neben die Bilder.

Ⓐ ☐

Ⓑ ☐

eine Schlange gebildet hat
wie aus Eimern schüttet

Ⓒ ☐

Ⓓ ☐

137 Die Quasselstrippe

Hier findest du Stichworte zu den Bildern aus Übung 136. Schreibe in deinem Übungsheft zu jeder Bildnummer die jeweils passenden Stichworte auf. Streiche durch, was du abgeschrieben hast.

~~eine Schlange gebildet hat~~ — stellen sich unter — telefoniert — gucken böse — beginnt zu regnen — kommt ein Mann — sonnig — reicht Schirm — kräftig klopft er mit dem Stock gegen die Tür — ungeduldig — ~~wie aus Eimern schüttet~~ — triefend nass

138 Timos Schrecksekunde

Maya hat sich eine Geschichte zu den Bildern ausgedacht. Leider hat sie diese noch nicht zu Ende erzählt. Stell dir vor, du seist Timo. Schreibe die Geschichte aus seiner Sicht, also in der Ich-Form. Ergänze Höhepunkt und Schluss. Denke auch an eine gute Überschrift. Schreibe die Geschichte in dein Übungsheft.

Endlich war wieder einmal Jahrmarkt in Rasseldorf. Schon früh am Nachmittag liefen viele Kinder hin. Die meisten standen vor dem Kettenkarussell. Auch Timo stand dort in der Schlange. Er konnte es kaum erwarten. Als er endlich an der Reihe war, sagte er: „Ich möchte zweimal fahren, bitte." „5 Euro", murmelte die Kassiererin. Timo griff in die Tasche, um das Geld herauszuholen. Aber wo war es denn? Er schaute in den Jackentaschen nach, nichts. Er fühlte in den Hosentaschen, auch nichts. „Nun mach endlich oder verschwinde!", rief die Kassiererin ungeduldig. Traurig wollte Timo gerade davonschleichen, als jemand rief …

139 Eine gute Nacherzählung

Ergänze die fehlenden Wörter. Dann weißt du, wie man eine gute Nacherzählung schreibt.

Stichworte | Einzelheiten | nichts | Hauptfiguren | Wo | ereignete | wörtliche | Reihenfolge | Wichtigste | treffende

a) Wenn du eine Geschichte hörst, merke dir das

____________________.

b) Überlege: Wer sind die ____________________?

Wann ____________________ sich die Geschichte?

_______________ passierte es?

c) Sammle _________________________.

d) Schreibe alle wichtigen ____________________ in

der richtigen ____________________ auf.

e) Dichte ____________________ hinzu.

f) Gebrauche die ____________________ Rede.

g) Verwende ____________________ Verben und Adjektive.

140 Der Pantoffel-Trick

Schreibe die Stichworte für deine Nacherzählung in der richtigen Reihenfolge in dein Übungsheft.

im Traum in Glasscherben getreten – zweiter Wanderer fragt – Pantoffeln auspacken – Vorsicht – 1795 Fremder übernachtet – Kammer teilen – Gasthaus in Witlisbach – an den Füßen festbinden – ins Bett legen – nie mehr barfuß schlafen

Der vorsichtige Träumer

Im Jahre 1795 übernachtete ein Fremder in einer Herberge in Witlisbach in der Schweiz. Als er bis auf das Hemd ausgezogen war, nahm er ein Paar Pantoffeln aus seinem Gepäck, zog sie an, band sie an den Füßen fest und legte sich so ins Bett. Er teilte die Kammer mit einem zweiten Wanderer. Dieser fragte: „Guter Freund, warum tut Ihr das?“ „Wegen der Vorsicht“, erwiderte der Erste. „Ich bin einmal im Traum in eine Glasscherbe getreten. Davon hatte ich im Schlaf solche Schmerzen, dass ich um keinen Preis mehr barfuß schlafen möchte.“ (nach Joh. Peter Hebel)

Stichworte helfen dir, den **Inhalt** der Geschichte zu **behalten**. Am besten schreibst du sie direkt in der **richtigen Reihenfolge** auf.

141 Späte Reue

Christian hat die Geschichte von dem armen Pferd nacherzählt. Kreuze die Sätze an, die auf seine Nacherzählung zutreffen.

Das arme Pferd

Es war einmal ein altes Pferd, das lebte vor langer Zeit in einer alten Hafenstadt. Es hatte seinem Herrn immer treu gedient und ihm sogar einmal das Leben gerettet. Nun war es alt und blind. Da sagte der Kaufmann zu seinem Knecht. „Jage das Tier davon! Es ist zu nichts mehr nütze.“ Das tat der Knecht. Und so irrte das alte Pferd hungernd durch die Gegend. Eines Tages gelangte es an einen alten Glockenturm. Dort durfte jeder läuten, dem Unrecht geschehen war. In seinem großen Hunger nagte das Pferd das Glockenseil an, sodass die Glocke zu läuten anfing. Viele Leute kamen herbeigeeilt und bedauerten das arme Tier. Da schämte sich sein Herr sehr. Von da an pflegte er es gut und gab ihm immer reichlich zu essen.

(altes Volksmärchen)

Christians Nacherzählung:

Ein altes, blindes Pferd wurde von seinem Herrn fortgejagt. Als er es später wiederfand, war es fast am Verhungern. Er schämte sich und brachte das Tier auf eine schöne Weide. Dort lebte es noch lange glücklich mit einigen anderen Tieren. Er gab ihm von nun an auch genug zu essen.

a) Es fehlen Einleitung und Schluss. ☐
b) Es fehlen wesentliche Einzelheiten. ☐
c) Die Geschichte ist lebendig erzählt. ☐
d) Wir erfahren hier nichts über Ort und Zeit des Geschehens. ☐
e) Es wird wörtliche Rede gebraucht. ☐
f) Es werden Dinge erwähnt, die in der Geschichte nicht vorkommen. ☐
g) Die Nacherzählung ist langweilig und viel zu kurz. ☐

142 Ein harter Winter

Lies dir den Text gut durch. Streiche dann die Sätze durch, die nicht zu den Stichworten passen.

Der Winter stand vor der Tür. Es gab nichts mehr zu essen. Zum Anziehen hatten sie nur die dünnen Kleider, die sie am Leibe trugen. Das Dach hatte schon lange ein Loch. Die Frau jammerte, der Mann grollte. Nur die Kinder hatten die Not noch nicht bemerkt.

Stichwort: Winter vor der Tür

a) Es war goldener Herbst.
b) Der Herbst kündigte den Winter an.
c) Die Herbstsonne war noch recht warm.
d) Sturm und Regen erinnerten die armen Leute daran, dass der Winter bald kam.

Stichwort: Die Frau jammerte

e) „Warum hast du die Arbeit beim Förster nicht angenommen?"
f) „Bestimmt hilft uns bald jemand!"
g) „Wo bekomme ich bloß warme Sachen für die Kinder her?"
h) „Vielleicht hätten wir das Auto verkaufen sollen."

Märchen beginnen mit Formulierungen wie *Es war einmal ..., Einst lebte ..., Vor langer Zeit ...* Eine **genaue Zeitangabe** fehlt. Sie gehen immer **gut** aus. Märchen werden in der **1. Vergangenheit** geschrieben. Die Sprache ist **altmodisch**.

143 Der verzauberte Frosch

Lies dir die folgende Einleitung eines Märchens durch. Entscheide, welche der folgenden Sätze im Hauptteil des Märchens gesprochen werden könnten.

Es war einmal vor langer Zeit ein Frosch, der lebte in einem tiefen Brunnen, viele Jahre lang. Er saß dort auf einem glitschigen Stein, der so winzig war, dass das Fröschlein gerade darauf Platz fand. Hier saß er nun, wie er es gewohnt war, und grübelte, ob das Schicksal ihm wohl auch glücklichere Tage verheißen möge. Betrübt ob seines Schicksals, hoffte er darauf, dass ihm das Licht der Sonne ein wenig Wärme auf seine kühle Haut zaubern möge. Und fröhlich um sein Mäulchen sollten ihm die Fliegen tanzen! Also saß er da, tagein, tagaus, und träumte. Da platschte plötzlich etwas neben ihm ins Wasser. Behände sprang er vom Stein und tauchte ...

- ☐ „So gib mir doch mein güldenes Kügelchen wieder. Ich will auch versprechen, dich zum Manne zu nehmen!"
- ☐ „Na und?", schimpfte der gerechte König. „Da hast du wohl ziemliches Pech gehabt, ne?"
- ☐ „Du holde Maid, versprich mir, dass ich auch in deinem Bettchen schlafen und von deinem Tellerchen essen darf!"
- ☐ „Goldene Kugeln fallen unter die Luxus-Steuer. Her mit der Kohle!", forderte der Steuerberater von der Prinzessin.
- ☐ „Ach, wie ist es hier so schön. Nie mehr will ich zurück in mein Brünnlein!", freute sich das Fröschlein.

144 Mark hat viel zu tun

Mark schaut auf seinem Merkzettel nach, was er heute noch alles tun muss. Schreibe seine Notizen kürzer.

Merkzettel

a) Schmutzige Bettwäsche in die kleine Reinigung an der Ecke bringen
b) Alle Malsachen wie Pinsel, Lappen, Block usw. einpacken
c) Beim Bäcker sechs knusprige Brötchen und ein leckeres Brot kaufen
d) Die oberste Schublade mit den alten Postkarten, den schönen Bastelbögen und den Tierbildern aufräumen
e) Die vier spannenden Bücher und die beiden interessanten Kassetten in der Bücherei abgeben
f) Im Blumenladen einen schönen Blumenstrauß für Omas 60. Geburtstag bestellen

a) ____________________

b) Malsachen einpacken

c) ____________________

d) ____________________

e) ____________________

f) ____________________

Auf einem **Merkzettel** soll nur **das Wichtigste** stehen. Stichworte genügen.

145 Miriams Auftrag

Die Familie Neule baut ein Haus. Die Eltern sind gerade wieder einmal auf der Baustelle, als das Telefon klingelt. Miriam geht ans Telefon. „Guten Tag, hier ist die Schreinerei Meyer. Wir möchten morgen gegen 10 Uhr die Haustür und die Terrassentür für euer neues Haus liefern. Die Fensterrahmen für das Erdgeschoss sind auch schon fertig. Wir werden sie dann auch gleich mitbringen. Könntest du das deinen Eltern bestellen?“ Hilf Miriam beim Aufschreiben des Merkzettels.

Merkzettel

a) Wer bringt etwas? ______________________

b) Was wird gebracht? ______________________

____

____

____

c) Wann? ______________________

d) Wohin? ______________________

146 Ein schöner Ferientag

Ines und Kevin haben in den Ferien Tagebuch geführt. Sie haben alles aufgeschrieben, was sie erlebt haben. Vergleiche die Bilder mit den Eintragungen in Kevins Tagebuch. Gib ihnen die richtigen Nummern.

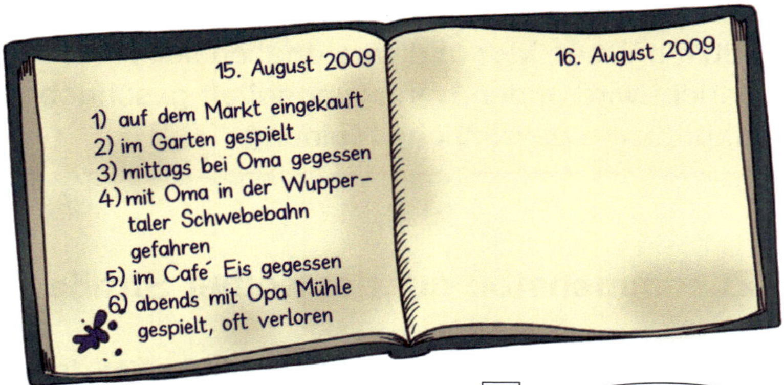

So sieht ein **guter Bericht** aus:

- Er gibt Antwort auf die **fünf W-Fragen**: Wer? Wann? Wo? Wie? Welche Folgen?
- Der Bericht soll **kurz**, aber vollständig sein.
- Die Ereignisse müssen in der **richtigen Reihenfolge** stehen.
- Die Sätze müssen **klar** und verständlich sein.
- Der Bericht wird in der **1. Vergangenheit** geschrieben.
- Er enthält keine **persönliche Meinung**.

147 Zusammenstoß auf der Kölner Straße

Lies dir die beiden Texte durch. Sie berichten über denselben Unfall.

Bericht A:
Auf der Kölner Straße in Düsseldorf stießen am 13. April um 15 Uhr eine Fahrradfahrerin und ein Fußgänger zusammen. Die 14-jährige Schülerin Katrin Glock fuhr ziemlich schnell mit ihrem Fahrrad den Bürgersteig entlang, als plötzlich der 50-jährige Hans Polz aus einer kleinen Bäckerei trat. Vor dem Eingang stießen die beiden heftig zusammen und stürzten. Der Mann brach sich den rechten Arm, und Katrin holte sich verschiedene Prellungen und Schürfwunden an den Knien. Ein Krankenwagen brachte die beiden Verletzten ins Krankenhaus.

Bericht B:
Gestern stießen eine Fahrradfahrerin und ein Fußgänger auf der Kölner Straße in Düsseldorf zusammen. Die Fahrerin holte sich dabei Prellungen und Schürfwunden, der Mann brach sich den Arm.

Welcher der zwei Berichte gibt die genauere Auskunft? ____

148 Mit dem Roller unterwegs

Schau dir den Zeitungsbericht über einen Unfall in Laar an, und beantworte die Fragen.

Am Dienstag, dem 3.6.2009, fuhr auf der Talstraße in Laar ein kleiner Junge mit dem Roller plötzlich auf die Fahrbahn. Ein 40-jähriger Autofahrer bremste, stieß aber trotzdem gegen den Roller. Der Junge wurde ins Krankenhaus gebracht.

a) Wer war an dem Unfall beteiligt?

____

b) Wann geschah es?

____

c) Wo geschah der Unfall?

____

d) Wie kam es zu dem Unfall?

____

e) Welche Folgen hatte der Unfall?

____

149 Kristins Unfall

Am 5.11.2008 konnte Kristin in der Zeitung von ihrem Unfall auf dem Schulweg lesen:

Schülerin von Pkw angefahren

Am 5.11.2008 um 7.50 Uhr wurde eine Schülerin (10 Jahre) auf ihrem Weg zur Schule im Bereich der Kreuzung Maxstraße/Karlstraße von einem abbiegenden Pkw (Fahrer 31 Jahre) erfasst, als sie die Karlstraße bei der Ampel überqueren wollte. Das Mädchen wurde nach ambulanter Behandlung im Krankenhaus nach Hause entlassen.

Kristin muss für die Schulversicherung Fragen beantworten. Ordne den Sätzen die möglichen Fragewörter zu.

a) Ich heiße Kristin Weber und bin 10 Jahre alt.

____

b) Der Unfall geschah am 5.11.2008 um 7.50 Uhr.

____

c) Es geschah an der Kreuzung Maxstraße/Karlstraße.

____

d) Ich überquerte die Karlstraße bei der Ampel. In diesem Moment kam ein roter Golf von rechts hinten und fuhr mich an.

____

e) Ich fiel auf die Straße. Dabei erlitt ich Schürfwunden an den Armen und an den Beinen.

____.

150 Der Unfallzeuge

Dennis hat Kristins Unfall, der in Übung 149 beschrieben wird, genau gesehen. Deshalb schreibt er folgenden Bericht. Streiche alle Sätze durch, die nicht in eine Zeugenaussage gehören.

Ich ging gestern Morgen kurz vor 8 Uhr auf dem Weg zur Schule die Maxstraße entlang. Als ich Kristin gesehen habe, habe ich sie gerufen. Aber sie hat mich nicht gehört. Dann bin ich etwas schneller gegangen. Kurz vor der Kreuzung Karlstraße hatte ich sie fast eingeholt. Da wurde die Ampel grün. Kristin ging los. Als sie ungefähr in der Mitte der Karlstraße war, bog ein roter Golf aus der Maxstraße links in die Karlstraße ein. Der hatte auch Grün. Ich glaube, der Fahrer war betrunken oder hat mit seinem Handy telefoniert. Da hat er Kristin angefahren. Die ist dann auf die Straße gefallen und hat geblutet. Bestimmt hat sie Schmerzen gehabt, sie hat nämlich geweint. Die Polizei mit Blaulicht und der Krankenwagen kamen fast zur selben Zeit. Die Sanitäter haben Kristin auf die Trage gelegt und sind mit ihr ins Krankenhaus gefahren. Zum Glück durften ihre Eltern sie anschließend gleich mit nach Hause nehmen.

151 Post von Tante Dorle

Jan hat einen Brief von seiner Tante Dorle bekommen. Schreibe in die linke Spalte die Namen der einzelnen Bestandteile.

Abschiedsgruß | höfliche Anrede | Unterschrift | Brieftext | Ort mit Datum

Ort ____________:	*Grünenbach, den 15. Juni 2008*
____________:	*Lieber Jan,*
____________:	*nun ist ein halbes Jahr vergangen seit deinem letzten Besuch. Der kleine Rex ist inzwischen ein recht großer Hund geworden. Er würde gerne mit dir spielen. Mia und Philipp übrigens auch. Wir würden uns über einen Besuch von dir sehr freuen. Du hast doch bald Ferien, nicht wahr?* *Frag mal deine Eltern, und sage uns kurz Bescheid, ob und wann du kommst.*
____________:	*Liebe Grüße*
____________:	*Tante Dorle*

Jeder **Brief** besteht mindestens aus den fünf Bestandteilen: **Ort mit Datum**, höfliche **Anrede, Brieftext, Abschiedsgruß** und **Unterschrift**. **Absender** und **Empfänger** des Briefs stehen auf dem Briefumschlag. Der Absender kann zusätzlich auch noch im Brief stehen.

Auch in einer **E-Mail** findest du die Bestandteile eines normalen Briefes. Absender und Datum erscheinen allerdings automatisch. Nur der Ort fällt weg.

152 Jan fährt in die Ferien

Tante Dorle hat Jan in ihrem Brief aus Übung 151 eingeladen, sie in den Ferien zu besuchen. Jans Eltern geben dazu gern ihre Erlaubnis. Noch am selben Tag setzt sich Jan an seinen Computer und schreibt eine E-Mail an seine Tante. Versetze dich in Jan, und schreibe eine kurze E-Mail an Tante Dorle.

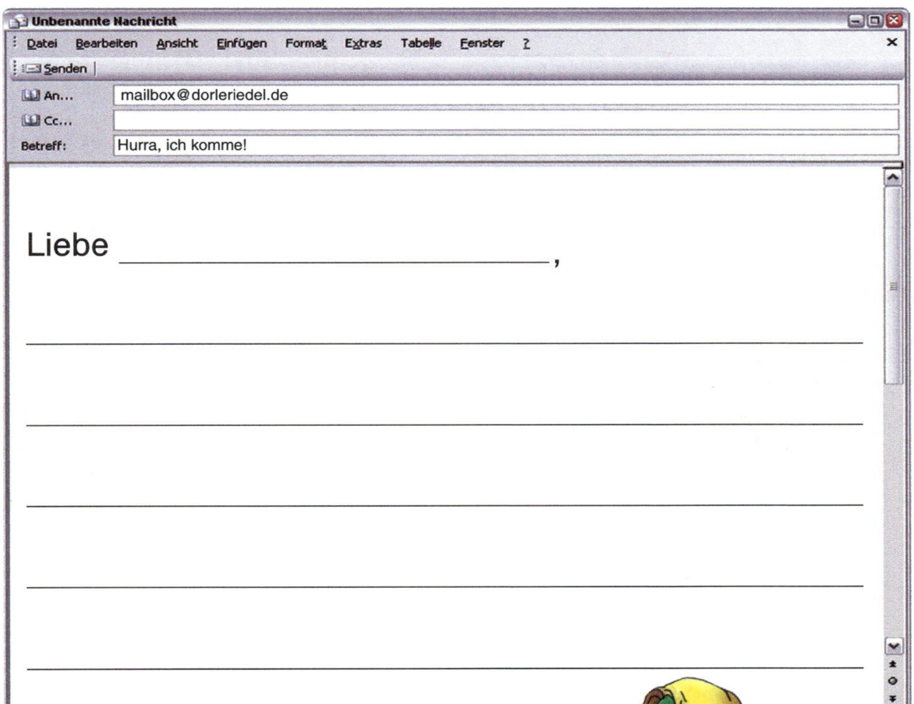

Das ist bei einer **Personenbeschreibung** wichtig:
- Du beschreibst das **Aussehen** (Gestalt/Größe, Gesicht, Haare, Kleidung) möglichst genau. Gehe dabei vom Allgemeinen (Gesamteindruck) zum Besonderen.
- Nenne auch **Fähigkeiten**, **Hobbys** und **Besonderheiten**.
- Gebrauche **treffende Adjektive**, **Steigerungen** und **Vergleiche**.
- Achte auf **verschiedene Satzanfänge**.

153 Die beiden Clowns

Vergleiche die beiden Clowns miteinander. Schreibe die passenden Begriffe dazu.

Hose mit Punkten | schlank | rotweiße Strümpfe | ~~rote Haare~~ | lange, dünne Beine | dicker Bauch | ~~trauriges Gesicht~~ | spitzes Hütchen | lachendes Gesicht | große, weiße Knöpfe | kurze, dicke Beine | blauweiße Strümpfe

Carlo	Longo
rote Haare, ________	trauriges Gesicht, ________
________	________
________	________
________	________
________	________

154 Leons neue Nachbarn

Leon beschreibt die Kinder der neuen Nachbarsfamilie. Wen meint er hier? Verbinde die Texte mit den dazugehörenden Kindern.

Thomas ist älter als Lisa. Er hat blonde, kurze Haare und hellblaue Augen. Er ist freundlich, aber immer sehr still. Am liebsten liest er Abenteuerbücher. (1)

Jonas ist das jüngste Kind. Er hat schwarze Locken und schwarze Augen. Meistens trägt er schwarze Jeans und gelbe Pullis. Oft findet man ihn oben auf einem Baum. (2)

Lisa hat rote Haare und einen lustigen Zopf. Auf ihrem Näschen sind viele Sommersprossen. Sie lacht gern und läuft so schnell wie der Blitz. (3)

155 Das Mädchen mit den roten Haaren

Sara und Jörg beschreiben ihre Mitschülerin Katrin. Vergleiche ihre Beschreibungen. Bei welcher Beschreibung kannst du dir Katrin besser vorstellen und warum? Beantworte in einem Übungsheft.

Saras Beschreibung:
Die Person, die ich meine, ist so groß wie Christine. Sie hat rote, lockige Haare und viele lustige Sommersprossen auf ihrem Näschen. Sie hat ein schmales Gesicht mit braunen Augen und einem kleinen Mund. Auf den Wangen bilden sich kleine Grübchen, wenn sie lacht. Und das tut sie sehr oft. Am liebsten trägt sie blaue Jeans und bunte Pullis. Sie spielt Klavier und kann viel schneller laufen als ich. Am liebsten fährt sie Fahrrad. Wenn man sie trifft, leckt sie fast immer ein Eis.

Jörgs Beschreibung:
Die Person, die ich meine, hat rote Haare und einen kleinen Mund. Sie hat meistens blaue Jeans und bunte Pullis. Ich mag sie.

156 Wer ist Martin?

Schreibe mithilfe der Stichworte eine Beschreibung von Martin. Trage sie in dein Übungsheft ein.

Gestalt/Größe: groß und kräftig; Haare: schwarz, glatt; Augen: braun; Gesicht: rund mit Stupsnase; Kleidung: blaue Jeans, weiße T-Shirts; Besonderheiten: immer fröhlich, rechnet am schnellsten; Lieblingsspeise: Spaghetti; Hobbys: Lesen, Turnen

157 Mein Lehrer hat einen Eierkopf

Lies die folgende Personenbeschreibung. Sie ist viel zu ungenau und stellenweise unsachlich.

Mein Lehrer

Mein Lehrer ist schon etwas älter, so etwa 50. Er ist fast so groß wie eine Tür, aber glücklicherweise nicht so breit. Er hat einen Eierkopf. Er hat graue Haare und blaue Augen. Seine Nase sieht aus wie eine Kartoffel. Wenn er lacht, hat er Löcher in den Wangen, in den Zähnen hat er aber keine. Seine Hände sind riesig, aber weich. Er hat nur neun Finger und total riesige Plattfüße. *Nur gut, dass er mir mit seinen Riesenlatschen noch nicht auf meinen Fuß getreten ist!* Wenn er spricht, hält man sich besser die Ohren zu, so laut ist er.

Überarbeite den Text, indem du die unterstrichenen Wörter gegen die Verbesserungsvorschläge tauschst. Schräg Gedrucktes solltest du weglassen. Schreibe die Personenbeschreibung in dein Übungsheft.

- bilden sich Grübchen
- sehr groß und gepflegt. Ihm fehlt der Zeigefinger der linken Hand. Auch hat er auffällige, große Plattfüße.
- ungefähr 1,90 m groß und schlank
- Die Kopfform ist oval.
- Er spricht mit einer auffallend tiefen und lauten Stimme.
- männlich und etwa 50 Jahre alt.
- seine Zähne sind weiß und groß.
- ist gebogen und sehr dick.

158 Wie komme ich zu Christian?

Lisa und Peter wollen ihren Freund Christian besuchen. Sie beschreiben ihren Weg zu ihm. Zeichne die beiden Wege in die Karte ein.

Wegbeschreibungen stehen im **Präsens**. Wenn du auch Straßennamen und Gebäude erwähnst, hilfst du dem Leser, den Weg besser zu finden.

159 Peters Weg

Auf der Karte aus Übung 158 siehst du eine gepunktete Linie. Das ist Peters Weg zu Lisa. Beschreibe ihn, indem du die fehlenden Satzteile ergänzt.

nach links · die Wallstraße entlang · Mauerstraße · nächsten Kreuzung · die Eichenallee · nach rechts · Kirche

Ich wende mich ______________________.

An der Ecke überquere ich die ________________.

Dann gehe ich ____________________________

und an der ________________ vorbei.

An der nächsten Ecke wende ich mich ____________

________ und gehe geradeaus _________________

______________ entlang.

Das zweite Haus hinter der ____________________ ist Lisas Haus.

160 Die Pappteller-Maske

Die Klasse 4c will Masken basteln.
Zunächst überlegen die Kinder, was sie alles dafür brauchen. Ein paar Dinge sind überflüssig.
Streiche die vier Dinge durch, die die Kinder nicht brauchen.

Pappteller | ♪ Noten ♫ | Klebstoff | Rechenheft | Farben | Gummiband | Lesebuch | Schere | Papierreste | Turnschuhe | Stoff- und Wollreste | Stifte

161 Es gibt viel zu tun

Male die Verben, die du bei einer Bastelanleitung verwenden kannst, rot an.

Tüte | anzeichnen | bekleben | schrecklich | Bänder | bemalen | Teller | bohren | groß | lustig | verknoten | halten | hässlich | durchziehen

Anleitungen und **Rezepte** sind **Vorgangsbeschreibungen**.
Dabei solltest du Folgendes beachten:

- Du musst alle **Geräte** und **Zutaten** benennen.
- Vorgangsbeschreibungen stehen immer im **Präsens**.
- Erkläre alle Tätigkeiten **genau**, und wähle **treffende Verben** aus.
- Die Verben stehen entweder in der **Grundform**, der **Befehlsform** oder in der **Personalform**.
- Die **Reihenfolge** der einzelnen Schritte muss stimmen.
- Wähle unterschiedliche **Satzanfänge** aus.

162 Florian will basteln

Florian hat sich eine Anleitung für das Basteln von Masken aufgeschrieben. Leider hat er immer das Verb *machen* benutzt. Ersetze jeweils das Verb durch ein passenderes aus Übung 161.

1) Die Maske vor das Gesicht ~~machen~~ ________________ und mit einem Stift die Stellen für die Augenlöcher machen ________________.

2) Die Maske mit Farben bunt machen ________________.

3) Die Maske mit Papier-, Stoff- oder Wollresten vollmachen ________________.

4) Rechts und links ein Loch reinmachen ________________.

5) Das Gummiband reinmachen ________________ und so festmachen ________________, dass die Maske festsitzt.

163 Was wird das?

Lars und Frieda wollen einen Regenmacher basteln. Schau dir das Bild genau an, und kontrolliere mithilfe der Einkaufsliste, ob sie schon alle nötigen Materialien im Einkaufswagen liegen haben.

- ☐ 1 Papprolle
- ☐ etwa 100 Nägel mit flachem Köpfchen, die etwa 1 cm kürzer sind als der Durchmesser der Papprolle
- ☐ 1 Hammer
- ☐ 2 Stücke Plastikfolie (von einer Plastiktüte)
- ☐ 1 Beutel Reis, 200 g Erbsen, Linsen oder Bohnen
- ☐ Klebeband
- ☐ Kleister
- ☐ Wasser
- ☐ Zeitungspapier
- ☐ Küchenrolle
- ☐ Pinsel
- ☐ Abtön- oder Plakatfarbe

164 Der Regenmacher

Hier findest du eine Bastelanleitung für einen Regenmacher in Bildern. Sortiere die Bilder in der richtigen Reihenfolge, indem du in die Kästchen Zahlen von 1 bis 8 schreibst.

☐ 

☐ 

☐ 

☐ 

☐ 

☐ 

☐ 

☐ 

165 Die 4a kocht eine Gemüsesuppe

Gestern hat die 4a eine Gemüsesuppe gekocht.
Ergänze jeweils das passende Verb.

schneiden
anbraten
putzen
umrühren
abschmecken
erhitzen
dazugießen
kochen
waschen

1) Gemüse ______________ und ______________.

2) Alles in kleine Stücke ______________.

3) Öl in einem Topf ______________.

4) Das kleingeschnittene Gemüse kurz ______________, dabei ______________.

5) Wasser ______________ und die Suppe auf niedriger Stufe ______________ lassen.

6) Mit Suppenwürfel, Salz und Pfeffer ______________.

166 Zieh dir deine eigenen Sonnenblumen

Lies die Anweisungen, und nummeriere sie in der richtigen Reihenfolge.

☐ Pflanzen an einen Stock binden, damit sie nicht umkippen.

☐ Topf mit Blumenerde füllen, mit Finger Löcher hineindrücken, Sonnenblumenkerne in Löcher legen, mit Erde bedecken, vorsichtig gießen.

☐ Topf auf Fensterbank stellen, regelmäßig, aber mäßig gießen.

☐ Später Sonnenblumen in den Balkonkasten oder in den Garten pflanzen.

167 Hol dir die Sonne ins Haus

Schreibe die Anleitung aus Übung 166 nun in der zweiten Person Singular in dein Übungsheft. Verwende das Präsens, und gebrauche verschiedene Satzanfänge. Schreibe so:

1) Du füllst einen Topf ...
2) Nun drückst du mit dem Finger ...

168 Die besten Formel-1-Rennfahrer

Lies den Text, und schreibe die Namen der WM-Sieger in den richtigen Balken.

Mehrfache Formel-1-Weltmeister seit 1950

Die erste Formel-1-Weltmeisterschaft wurde 1950 ausgetragen. Seitdem gab es einige Rennfahrer, die zu Legenden des Motorsports wurden. So holten sich bis 2006 diese fünf Rennfahrer je dreimal den Titel: Jack Brabham, Jackie Stewart, Niki Lauda, Nelson Piquet und Ayrton Senna. Vier WM-Siege konnte Alain Prost erringen. Juan Manuel Fangio wurde gleich fünfmal Weltmeister. Michael Schumacher hingegen gelang es bis 2005 ganze sieben Mal!

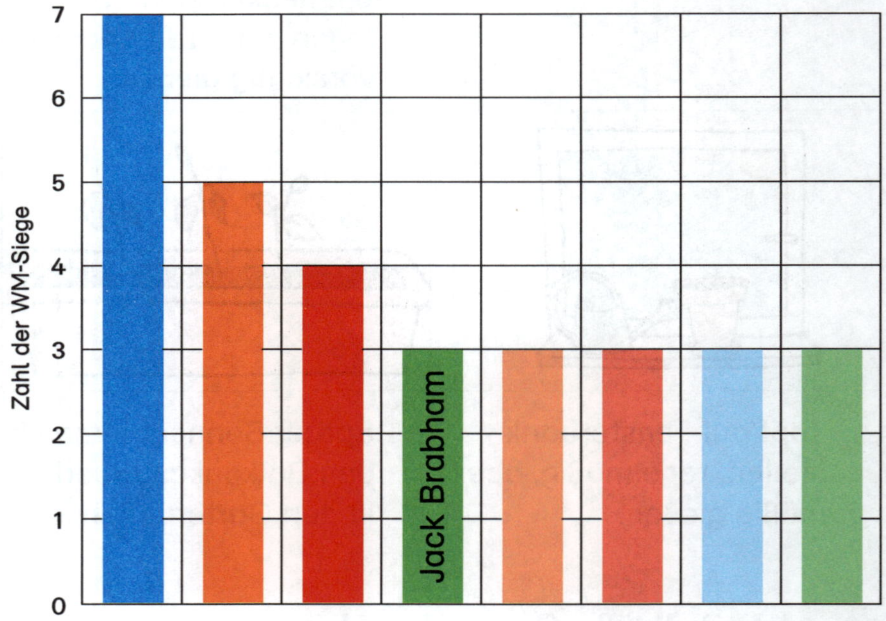

Bilder und **Tabellen** können dem Leser helfen, **Sachtexte** besser zu verstehen. Du musst sie aber so auswählen, dass sie deinen Text auch wirklich ergänzen.

169 Alle Formel-1-Rennstrecken

Keine der Formel-1-Rennstrecken ist gleich lang, und auch die Rundenlängen sind unterschiedlich. Schreibe alle Rennstrecken in dein Übungsheft, auf denen mehr als 69 Runden gefahren werden müssen. Sortiere sie aufsteigend der Größe nach, und zwar so, dass du die Strecke mit der kürzesten Rundenlänge zuerst nennst. Die Länge der Gesamtstrecke ist hier nicht entscheidend. Beispiel:
58 Runden: Australien (5,303 km), Istanbul (5,338 km)

Alle Rennstrecken der Formel-1-Weltmeisterschaft 2007 auf einen Blick

Name der Strecke	Rennstreckenlänge in km	Runden pro Rennen	Rundenlänge in km
Bahrain; Sakhir	308,484	57	5,412
Malaysia; Sepang	310,408	56	5,543
Australien: Albert Park	307,574	58	5,303
Deutschland: Nürburgring	308,880	60	5,148
Spanien; Barcelona: Catalunya	302,575	65	4,655
Monaco	260,520	78	3,340
Großbritannien; Silverstone	303,319	59	5,141
Kanada; Montreal: Gilles Villeneuve	305,270	70	4,361
Frankreich; Nevers: Magny-Cours	308,770	70	4,411
Ungarn; Budapest: Hungaroring	306,670	70	4,381
Türkei; Istanbul	309,604	58	5,338
Italien; Monza	307,029	53	5,793
China; Shanghai	305,256	56	5,451
Japan: Fuji International Speedway	305,721	67	4,563
Brasilien; Sao Paulo: José Carlos Pace („Interlagos“)	305,939	71	4,309
Belgien; Spa: Francorchamps	308,176	44	7,004

170 Ein neues Fahrrad für Dorian

Dorian kauft sich am 11.11. 2008 ein gebrauchtes Fahrrad im Geschäft „Die Bike-Profis“. Der Verkäufer rät ihm, sofort einen Fahrradpass auszustellen, damit die Polizei sein Fahrrad besser finden kann, wenn es gestohlen werden sollte. Fülle mithilfe der Verkaufsbeschreibung die Vorderseite des Fahrradpasses aus.

Jugendrad „WK Blazer“ **€ 159,–**

Chrom-Stahl-Rahmen, schwarz; Schutzbleche silber;
Vorderreifen 24" (Zoll), Hinterreifen 20";
5-Gang-Shomina-SIS-Kettenschaltung;
Reflektoren; verkehrssicher;
Tacho der Firma Flitzi;
„Hüpfer“-Federgabel vorn;
spezieller Blazer-Sattel;
Beule im Schutzblech vorn.
Rahmennummer: WK-007;
Codiernummer: 0815.

Fahrradpass

Name:	Akin	**Wohnort:**	23409 Esens
Vorname:		**Rahmennummer:**	
Straße:	Mühlenbusch 23a	**Codiernummer:**	

Bitte Zutreffendes ankreuzen:

- ◯ Kinderrad ◯ Jugendrad ◯ Damenrad
- ◯ Herrenrad ◯ Rennrad ◯ Mountainbike
- ◯ Trekkingrad ◯ BMX-Rad ◯ Tandem

Formulare sind dazu da, Informationen über Dinge, Tiere oder Menschen in **kurzer Form** festzuhalten. Das ist besonders wichtig, wenn du Anträge ausfüllen musst oder etwas verloren geht, das du genau beschreiben musst. Es ist wichtig, dass du **nur bedeutsame Informationen** und **Merkmale** notierst.

171 Keine Chance für Fahrraddiebe

Fülle die Rückseite von Dorians Fahrradpass mithilfe der Verkaufsbeschreibung aus Übung 170 aus.

Marke/Modell:		**Reifengröße vorn:**	
Rahmenfarbe:		**Reifengröße hinten:**	
Rahmenmaterial:		**Kaufdatum:**	
Schutzblechfarbe:		**Kaufpreis:**	
Kettenschaltung mit ________ Gängen			
Zubehör:	◯ Fahrradcomputer		◯ Tacho
Federgabel:	◯ vorn		◯ hinten
Händler:			
Besonderheiten:			
Beschädigungen:			

Fotografie des Fahrrades:

Ein **Interview** (Befragung) ist ein Gespräch, bei dem man jemandem Fragen stellt, um dadurch **persönliche Informationen** oder **Sachverhalte** genau zu erfahren.
Achte auf folgende Punkte:

- Überlege dir vorher genau, welche Person **Interessantes** zu berichten hat.
- Mach dir Gedanken, **was** genau du wissen möchtest.
- Schreibe bei den Antworten nur das auf, was auch **wirklich gesagt** worden ist.
- Schreibe vor jede Äußerung den **Namen** desjenigen, der etwas gesagt hat.
- Formulierungen wie *Warum?*, *Aus welchen Gründen?*, *Wie kam es dazu, dass ...?* oder *Könnten Sie ... beschreiben?* fordern deinen Gesprächspartner auf, **ausführlich** zu antworten.

172 Ein Interview mit der Lehrerin

Hier findest du einige Beispielfragen für ein Interview mit einer Lehrerin. Streiche alle „schlechten" Fragen durch, auf die du keine ausführliche oder ehrliche Antwort bekommen würdest.

a) „Sind Sie gerne Lehrerin?"

b) „Warum sind Sie Lehrerin geworden?"

c) „Unterrichten Sie Kunst?"

d) „Welches Fach unterrichten Sie am liebsten und warum?"

e) „Wie alt sind Sie, und wie viel wiegen Sie?"

f) „Aus welchen Gründen haben Sie sich entschieden, Lehrerin zu werden?"

g) „Mögen Sie Hip-Hop?"

h) „Welche Art von Musik hören Sie gerne?"

173 Was gehört zusammen?

Ordne den Oberbegriffen die richtigen Unterbegriffe zu.

Tulpe · Ameise · Tanne · Mistkäfer · Pferd · Primel

Eiche · Geranie · Wal · Buche · Mücke · Schwein

Kiefer · Veilchen · Delfin · Nashorn · Palme · Tausendfüßler

Blumen: ____

Insekten: ____

Bäume: ____

Säugetiere: ____

Es ist gut, wenn du **Oberbegriffe** und **Unterbegriffe** sicher **unterscheiden** kannst. Das hilft dir beim Anlegen von Clustern, Mindmaps und Gliederungen. Außerdem kannst du damit vieles in deinen Aufsätzen kürzer sagen.

174 Noch mehr Spannung

Hier gibt es jeweils zwei Sätze mit gleicher Aussage. Ordne sie einander zu, und kreise den Buchstaben des Satzes ein, der mehr Spannung vermittelt.

a – ___ Wir versuchten, das Geräusch noch einmal zu hören.

b – ___ Julia kam kurz vor Nina durchs Ziel.

c – ___ Von dort konnten wir das Gelände aufmerksam beobachten.

d – ___ Leo schlich sich lautlos heran.

e – ___ Angespannt lauschten wir, um das Geräusch noch einmal zu hören.

f – ___ Von dort konnten wir das Gelände gut sehen.

g – ___ Gehetzt kam Julia knapp vor Nina durchs Ziel.

h – ___ Leo kam so leise an, dass man ihn nicht hören konnte.

175 Ganz schön abgefahren

Hier sind zwei Wortfamilien durcheinandergeraten.
Ordne sie.

zurückfahren · flieg · Flug · Fahrzeug · Flugzeug · Fliege · Fuhrpark · Fähre · geflogen · abgeflogen · abgefahren · sie flog · er fuhr · Gefährte

fliegen: ______________________________

____

fahren: ______________________________

____

In einer **Wortfamilie** haben alle Wörter einen gemeinsamen **Stamm**, z. B. *-fahr-* (auch *-fuhr-* und *-föhr-*) bei der Wortfamilie *fahren*.

4.
Schuljahr

Treffende Ausdrücke (fallen, spielen und sehen)

Sprachliche Grundlagen

176 Meine Familie, deine Familie

Ordne die Wörter in drei Wortfamilien.

einsehen · Abfall · sehen · Aussicht · Spielpartner · kurzsichtig · Gefälle · Gruppenspiel · unsichtbar · fällen · spielen · Absicht · Spielanleitung · Unfall · Heimspiel · zufällig · Einfall · Spielplatz · fallen · Spitzenspieler · Fernseher

Wortfamilie *fallen*

Wortfamilie *spielen*	Wortfamilie *sehen*

Wortfelder bestehen aus Wörtern, die eine **ähnliche Bedeutung** haben. Je mehr Wörter du kennst, desto abwechslungsreicher kannst du deine Erzählung oder deinen Sachtext gestalten.

177 Heute schon gelacht?

Ordne die Verben den verschiedenen Wortfeldern zu.

kichern | betrachten | flüstern | stottern | schwatzen
schluchzen | gaffen | schmunzeln | beobachten | auslachen
grinsen | reden | heulen | lächeln | entdecken | fragen

Wortfeld *sprechen*

Wortfeld *lachen*

Wortfeld *weinen*

Wortfeld *sehen*

178 Alles gesagt?

Setze die Verben aus dem Wortfeld *sagen* im Präsens ein:

flüstern | jammern | berichten | fragen | bitten | antworten | rufen | erzählen

a) „Hast du die Fische gefüttert?", ____________________ Mutter. Axel ____________________: „Ja, heute Morgen."

b) „Lass uns heute in den Zoo gehen", ____________________ Kai.

c) „Bleib stehen!", ____________________ Kati ihrer Freundin zu.

d) Im Sachunterricht ____________________ Lea und Timo heute über ihre Pflanzenversuche. Im Deutschunterricht ____________________ Sandra ihre Gruselgeschichte.

e) „Ich kann nicht mehr laufen", ____________________ Tim.

f) „Wir verstecken uns hinter dem Holzstapel", ____________________ Rolf seinem Freund ins Ohr.

179 Lias Geheimnis

Max hat Sätze geschrieben, ohne dabei treffende Wörter zu benutzen. Hilf ihm, sie zu verschönern, indem du die schräg gedruckten Wörter durch ein anderes, treffenderes Verb tauschst. Beachte, dass sich die Grundform ändert!

plappern | flüstern | beichten | tratschen | berichten

a) Ich *sage* dem Polizisten, was ich gesehen habe.

Ich ____________________ dem Polizisten, was ich gesehen habe.

b) Paul hat eine Scheibe eingeworfen. Das muss er seinem Vater noch *sagen*.

Das muss er seinem Vater noch ____________________.

c) Lia *spricht leise*: „Ich verrate dir jetzt ein Geheimnis!"

Lia ____

d) Frau Müller *spricht schlecht* über ihre Nachbarin.

____

e) Unser Baby *spricht* dauernd vor sich hin.

____

Statt „sagen" kannst du auch folgende Verben benutzen: rufen, schreien, brüllen, erwidern, flüstern, meinen, raunen, schimpfen, bitten, antworten, murmeln, fragen, drucksen, meckern, erzählen, informieren, flehen, stottern, klagen ...

180 Schnell oder langsam?

Teile die Wörter, die alle zum Wortfeld *gehen* gehören, richtig ein.

eilen, schreiten, huschen, laufen, torkeln, bummeln, humpeln, hetzen, rennen, spazieren, flitzen

Wortfeld *schnell gehen*	Wortfeld *langsam gehen*

181 Schreck am Abend

Welche Verben aus dem Wortfeld *gehen* kommen in der Erzählung vor? Mach eine Liste, und schreibe dann in die zweite Spalte die Grundform.

Achtung, Einbrecher!

Ich schlenderte durch die Parkstraße, weil ich auf meinen Freund Peter wartete. Plötzlich hörte ich schnelle Schritte hinter mir. Bevor ich mich umschauen konnte, rannte eine dunkle Gestalt an mir vorbei. In der beginnenden Dämmerung sah ich gerade noch, wie sie über einen Zaun in den Vorgarten der alten Villa sprang. Während ich aufgeregt zwischen Straßenlaterne und Reklamesäule hin und her trippelte, kam Peter gemütlich angeschlurft. Als ich ihm von meiner Beobachtung berichtete, rief er: „Komm, wir schleichen ihm nach!“ Ich aber meinte ängstlich: „Lass uns lieber zur Polizei gehen.“

182 Magst du Zuckerwatte?

Auf dem Jahrmarkt kannst du viele leckere Sachen kaufen. Unterstreiche hier nur die Verben, die du für *essen* nehmen kannst.

speisen | flackern | vermehren | abbeißen | sausen

fliegen | futtern | klettern | fahren | knabbern

segeln | naschen | schlecken

183 Florian klettert

Du kannst dich genauer ausdrücken, wenn du statt *ist* treffendere Verben verwendest. Setze jeweils das treffendere Verb ein.

schwimmt | liegt | scheint | turnt | schmeckt

a) Mein Bruder ~~ist~~ noch im Bett. ______________________

b) Milch mit Honig ~~ist~~ süß. ______________________

c) Die Sonne ~~ist~~ heute sehr hell. ______________________

d) Im Teich ~~ist~~ ein Goldfisch. ______________________

e) Florian ~~ist~~ am Klettergerüst. ______________________

184 Die Gruselnacht

Hier findest du Geräusche, die uns nachts erschrecken können. Ergänze die Verben. Du musst sie ausnahmsweise großschreiben, weil sie hier als Namenwörter gebraucht werden.

hupen · quietschen · grölen · ~~klappern~~ · rufen · donnern · schlagen

Das Klappern von Rollläden,

das ____________________ von Autos,

das ____________________ von Türen,

das ____________________ von Bremsen,

das ____________________ von Betrunkenen,

das ____________________ von Eulen,

das ____________________ bei Gewitter.

185 Schneller, höher, weiter

Unterstreiche alle Verben, die mit Sport zu tun haben.
Dann schreibe sie unten dem Alphabet nach auf.

reiten | flüstern | turnen | horchen | hören | segeln | werfen | schlafen | klettern | essen | laufen | schlucken | schwimmen | springen

klettern, ______________________________

____

____

____

186 Ein ohrenbetäubender Lärm

Hier siehst du eine Möglichkeit, wie man Wortfelder anlegen kann: In der Mitte steht ein „Oberbegriff", und um ihn herum stehen alle Wörter, die stattdessen benutzt werden können.

gehen

spazieren, flitzen, kriechen, rennen, rasen, marschieren, wandern, joggen, hüpfen, schlendern, krabbeln, laufen

Welcher Oberbegriff (Adjektiv!) passt zu diesen Wortfeldern? Schreibe ihn auf die dazugehörige Zeile.

leise | laut | schnell | langsam

a) rasch, rasend, flott, flink, blitzschnell: ____________________

b) gemächlich, schleppend, schleichend, träge:

____

c) ohrenbetäubend, krachend, schrill, brüllend, grölend,

kreischend: ____________________

d) flüsternd, wispernd, nahezu lautlos, kaum hörbar,

gedämpft: ____________________

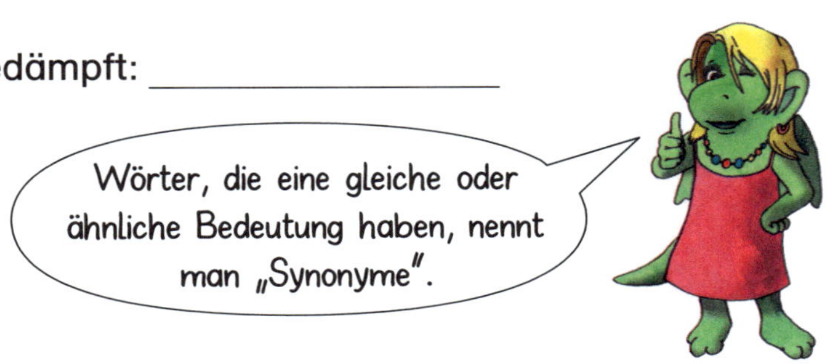

187 Das schöne Kätzchen

Welches Adjektiv passt besser als *schön*?
Setze die Adjektive in der richtigen Form ein.

traumhaft

wunderbar

herrlich

angenehm

hübsch

niedlich

a) In unserem letzten Urlaub hatten wir eine

~~schöne~~ ____________________ Zeit.

b) Das ~~schöne~~ ____________________ Kätzchen hätte ich gern.

c) Dieser Stoff fühlt sich ~~schön~~ ____________________ an.

d) Die Hochzeit des Prinzen und der Prinzessin

war ~~schön~~ ____________________.

e) Wir hatten eine ~~schöne~~ ____________________ Aussicht.

f) Der Ritter verliebte sich auf Anhieb in das

~~schöne~~ ____________________ Burgfräulein.

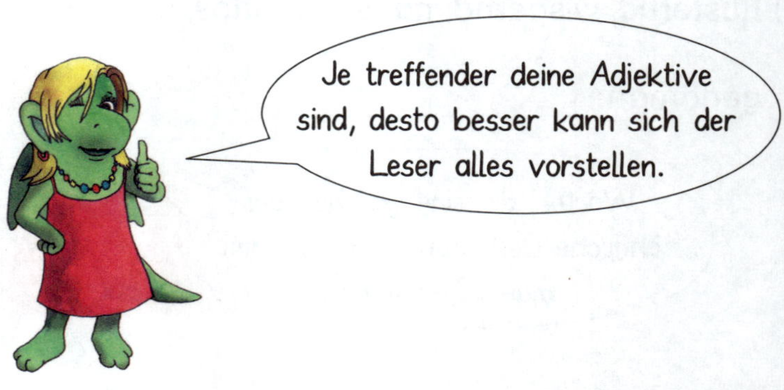

188 Schneeweiß oder giftgrün?

Mit zusammengesetzten Adjektiven kannst du auch Farben genauer angeben. Bilde neue Wörter.

a) so weiß wie Schnee – schneeweiß

b) so braun wie Kaffee – ______________________

c) so schwarz wie Raben – ______________________

d) so rot wie Blut – ______________________

e) so grün wie Gras – ______________________

f) so gelb wie Stroh – ______________________

189 Kalt, kälter, eiskalt

Für genaue Beschreibungen sind zusammengesetzte Adjektive wichtig und hilfreich. Bilde aus diesen Wörtern neue zusammengesetzte Adjektive.

nass | wach | böse | laut | kalt | hell | bitter | klein

____

____

____

____

4. Schuljahr

Treffende Adjektive (zusammengesetzte Adjektive)

Sprachliche Grundlagen

190 Eine schöne Prinzessin

Sage es noch genauer, indem du zusammengesetzte Adjektive bildest.

wunder | brand | stein | hell | gras | zucker
arm | schnee | eis | ~~feder~~

a) eine leichte Tasche – eine federleichte Tasche

b) eine kalte Limonade – ____________________

c) ein weißes Hochzeitskleid – ____________________

d) ein dicker Schlauch – ____________________

e) ein süßer Kuchen – ____________________

f) eine grüne Hose – ____________________

g) ein wacher Schüler – ____________________

h) eine alte Frau – ____________________

i) ein neues Fahrrad – ____________________

j) eine schöne Prinzessin – ____________________

191 Süß oder sauer?

Suche die Adjektive heraus, und schreibe sie zu den Gegenteilen.

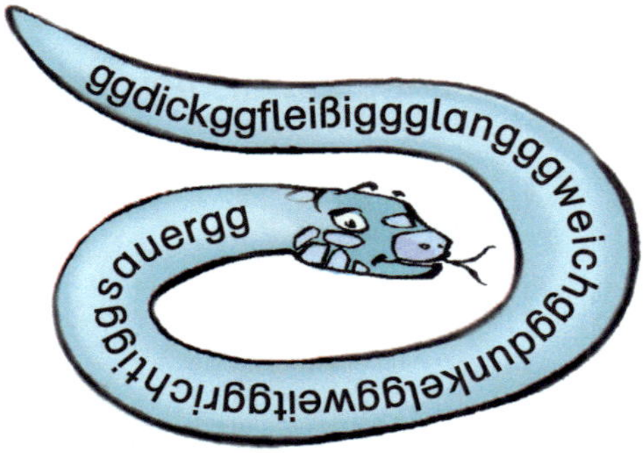

a) hart – ________________

b) dünn – ________________

c) faul – ________________

d) kurz – ________________

e) süß – ________________

f) falsch – ________________

g) hell – ________________

h) eng – ________________

192 Noch mehr Gegensätze

Finde zu den Adjektiven ein passendes Gegenteil.

a) klein – ________________

b) kalt – ________________

c) hässlich – ________________

d) eckig – ________________

e) reich – ________________

f) dumm – ________________

g) nass – ________________

h) jung – ________________

193 Ein stürmischer Tag

Bilde Adjektive auf *-lich, -ig* oder *-isch*.

Wind | Angst | Sturm | Punkt | Wolke | Monat | Regen | Dieb | Sonne | Tag | Freude | Neid | Witz | Gefahr | Himmel

Adjektive auf *-lich*

Adjektive auf *-ig*	Adjektive auf *-isch*

194 Das wütende Monster

Stelle diese Sätze so um, dass der Sinn gleich bleibt.
Beginne die Sätze mit spannenden Satzanfängen.

Beispiel:	Die Frau	rannte	auf einmal	durch die Gassen.
	(Subjekt)	(Prädikat)		(Objekt)
	Auf einmal	rannte	die Frau	durch die Gassen.
		(Prädikat)	(Subjekt)	(Objekt)

a) Der Mann stand plötzlich neben mir.

____

b) Ich drehte mich sofort um.

____

c) Das Monster riss in diesem Augenblick einen Baum aus der Erde.

____

d) Sie bekam da einen riesigen Schreck.

____

e) Wir liefen schnell in Richtung Höhle.

____

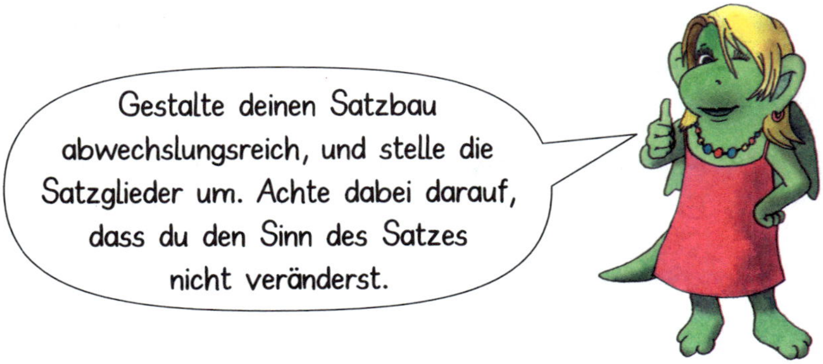

195 Der Rotfuchs

Lena und Till haben sich im Internet und in der Bücherei über Rotfüchse informiert. Anschließend haben sie die verschiedenen Stichworte in einem Cluster angelegt. Zeichne einen Rahmen um den Clusterkern (fett gedruckt) und jeweils einen Kreis um die vier Oberbegriffe (schräg gedruckt).

langer, buschiger Schwanz

spitzes Maul

schlank

rostbraun

wohnt tagsüber in seinem Fuchsbau

Kleintiere

Aussehen

Wald

Vögel

Lebensraum

Der Rotfuchs

Nahrung

Früchte

Eigenarten und Fähigkeiten

Dörfer und Städte

jagt bei Dunkelhe

schlau und listig

kann gut hören und riechen

bekommt im Frühling drei bis fünf Junge

Mit einem **Cluster** kannst du deine Ideen für Erzählungen und Sachtexte **besser ordnen**.

196 Der schlaue Jäger

Mithilfe des Clusters kannst du nun eine Gliederung für deinen Aufsatz anlegen. Schreibe die entsprechenden Stichworte zu den Oberbegriffen.

Überschrift: ____________________

a) Aussehen

____

____

b) Lebensraum

____

____

c) Nahrung

____

d) Eigenarten und Fähigkeiten

____

____

____

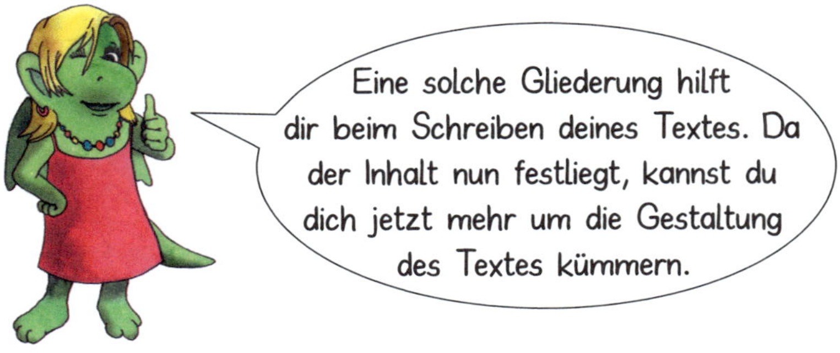

197 Vorsicht, Raubtier!

Julian hat sich für seinen Aufsatz zum Thema *Eisbär* viele Stichworte notiert. Einige Wörter hat er schon in der Mindmap aufgeschrieben. Ergänze die fehlenden Informationen.

überwintert in Schneehöhlen – dicke Fettschicht schützt vor Kälte – groß, bis zu 2,50 m lang – kräftig – guter Jäger – frisst Robben – kann schnell laufen – behaarte Fußsohlen verhindern Ausrutschen – frisst Fische – kilometerweite einsame Wanderungen – wohnt in der Arktis auf Inseln und an Küsten – durch weißes Fell gut getarnt – wasserdichter Pelz – ist stark – geht auf ganzer Sohle (wie Mensch) – kann gut schwimmen und tauchen

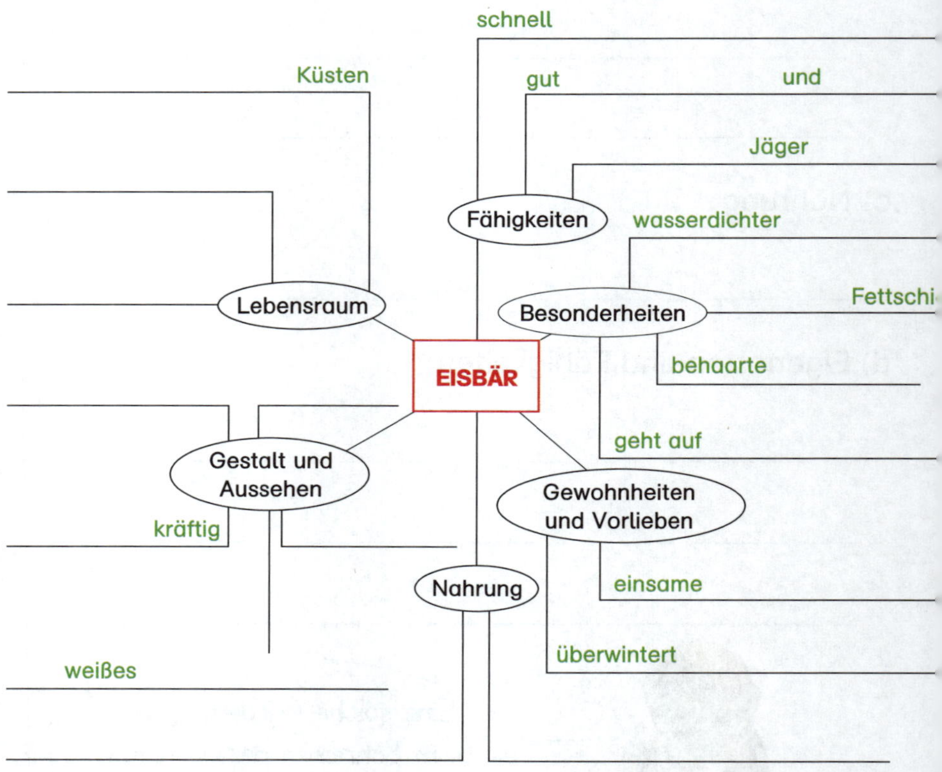

Mindmaps helfen dir, **Stichworte** zu einem Thema **zu ordnen** und damit einen gut strukturierten Text zu verfassen. Sie sind eine hilfreiche Grundlage sowohl für Erzähl- als auch Sachtexte.

198 Der Eisbär

Diesen Text hat Julian mithilfe seiner Mindmap aus Übung 197 geschrieben. Lies ihn zunächst durch. Wähle dann für jeden Abschnitt die passende Überschrift, und schreibe sie daneben.

Vorlieben und Gewohnheiten | Gestalt und Aussehen | Nahrung | Fähigkeiten und Besonderheiten | Lebensraum

Der Eisbär

Der Eisbär lebt in der Arktis. Dort findet man ihn auf Inseln und an den Küsten.

a) ____________________

Er ist ein großes, kräftiges Tier, das bis zu 2,50 m lang werden kann. Mit seinem weißen Fell ist er in dieser weißen Landschaft gut getarnt.

b) ____________________

____

Sein wasserdichter Pelz schützt ihn beim Schwimmen und seine dicke Fettschicht vor der Kälte. Er kann nicht nur gut schwimmen und tauchen, sondern auch schnell laufen. Dabei helfen ihm seine behaarten Fußsohlen, denn sie verhindern, dass er auf glattem Eis ausrutscht. Wie wir Menschen geht er auf der ganzen Sohle und nicht nur auf Zehenspitzen wie viele andere Tiere.

c) ____________________

____

____

Der Eisbär ist ein guter Jäger. Ständig ist er auf der Suche nach Futter, nach Fischen und Robben.

d) ____________________

____

Ab November überwintert er in Schneehöhlen. Erst im Frühling verlässt er diese, um dann wieder seine kilometerweiten einsamen Wanderungen aufzunehmen.

e) ____________________

____

199 Im Gespräch mit Nina Ninus

Lisa und Max durften in der letzten Woche ein Interview mit der Sängerin Nina Ninus machen. Lies das Gespräch zuerst sorgfältig durch. Kreise dann die Themen ein, zu denen Lisa und Max die Sängerin befragt haben.

Lisa: Guten Morgen, Nina. Würden Sie uns bitte etwas über Ihr Leben erzählen?

Nina: Guten Morgen Lisa, guten Morgen Max! Ja, natürlich. Was wollt ihr wissen?

Lisa: Was tun Sie in Ihrer Freizeit? Also, ich meine, haben Sie Hobbys?

Nina: Ich reite, schwimme und gehe segeln. Aber ich lese auch gern spannende Bücher.

Max: Waren Sie schon immer Sängerin?

Nina: Nein, nach der Schule habe ich eine Schreinerlehre gemacht. Ein paar Jahre habe ich als Schreinerin und später vier Jahre als Verkäuferin gearbeitet. Seit fünf Jahren singe ich.

Lisa: Haben Sie eine Familie?

Nina: Ja, mein Mann ist Bankkaufmann.
Wir haben dreijährige Zwillinge, einen Jungen und ein Mädchen. Ich habe drei Brüder in Amerika.

Max: Wo wohnen Sie?

Nina: Ich wohne in Berlin, in der Nähe vom Ku'damm. Aber oft bin ich in unserem Haus an der Ostseeküste.

Max: Das waren unsere Fragen. Vielen Dank.

Beruf

Sängerkarriere

Familie

Krankheiten

Hobbys

Wohnort

Freunde

aufregende Erfahrungen

200 Eine Gedächtnislandkarte für Max und Lisa

Versuche nun, für Max und Lisa die Stichworte aus dem Interview aus Übung 199 in diese Mindmap einzutragen. Zeichne dazu ein Viereck um das Thema und kreise die Oberbegriffe ein. Verbinde diese mit dem Thema. Dann ergänze die passenden Stichworte.

______________________	______________________
______________________	______________________
______________________	______________________
Familie	Berufe

Nina Ninus

Hobbys	Wohnorte
______________________	______________________
______________________	______________________
______________________	
______________________	

4. Schuljahr

Mindmap anlegen (Interview)

Aufsätze planen

Lösungen

2. Schuljahr

1

Bild 1) Nora bastelt ein Papierschiff.
Bild 2) Dann setzt sie es ins Wasser.
Bild 3) Plötzlich wird das Schiff immer größer.
Bild 4) Nora freut sich, steigt ein und fährt davon.

2

a) Nora
b) am Nachmittag (zum Beispiel)
c) im Zimmer und am Wasser
d) Die Geschichte könnte zum Beispiel so beginnen: Nora sitzt am Nachmittag in ihrem Zimmer. Sie überlegt, was sie basteln soll.

4

Bild 1) Alex und Nele stehen auf dem Dachboden.
Bild 2) Sie öffnen vorsichtig eine große, alte Kiste.

5

Die Geschichte könnte zum Beispiel so enden: Die Kiste ist voll mit alten Kleidern. Da können sich die beiden herrlich verkleiden!

7

Bild 1) In ihren Ferien bauen Mia und Leo eine große Sandburg.
Bild 4) Mia und Leo haben den ersten Preis gewonnen. Die beiden freuen sich sehr.

8

Der Hauptteil der Geschichte könnte so lauten:
Bild 2) Denn sie machen beim Sandburgen-Wettbewerb mit. Ihre Burg wird größer und größer.
Bild 3) Zum Schluss legen sie noch einige Muscheln darauf. Dann kommt es zur Siegerehrung.

9

Laura geht heute früh ins Bett, denn sie ist sehr müde. Sie kuschelt sich unter die Bettdecke. Da geht die Tür auf. Ein langer Seufzer ertönt: „Hu – huuuuh – huuh!“ Laura bekommt einen Schreck. Ein Gespenst steht vor ihrem Bett. Laura zittert am ganzen Körper.

10

So könnte die Geschichte weitergehen: Aber dann stolpert das Gespenst. Das Tuch verrutscht, und heraus schaut Lauras Schwester Hanna. Nun muss Laura lachen.

13

a) Papa
b) Mama treffen

zu Übung 13:
c) vor dem Möbelhaus Wagner
d) um zwei Uhr
e) will Schrank zeigen

14

Abfahrt: morgen, 9 Uhr
Wo: Bushaltestelle hinter dem gelben Haus
Mitnehmen: etwas zu essen und zu trinken, Regenschirm

15

a) um drei Uhr
b) zu Laura
c) um fünf Uhr

16

Liebe Mama!
Um zwei Uhr bin ich mit Jan ins Schwimmbad gegangen.
Ich bin um vier Uhr wieder zurück.
Dein Tobias

17

Vorschläge für die Getränke (grün): Tees, Limo, Säfte
Vorschläge für das Essen (rot): Würstchen, Stockbrote, Salate, Waffeln
Vorschläge für die Spiele (blau): Ballspiele, Wettrennen, Sackhüpfen, tanzen

18

a) am 10. Juni um 15 Uhr
b) auf der Rheinwiese hinter der Brücke
c) Würstchen, Stockbrote, Salate, Waffeln
d) Tees, Limo, Säfte
e) Ballspiele, Wettrennen, Sackhüpfen, tanzen

19

In Lenas Einladung erfahren sie, wann und wo das Fest stattfinden soll.

20

Liebe Eltern!
Wir laden euch zu dem Schulfest am 16. Mai ein.
Es findet um 14 Uhr auf dem Schulhof statt.
Viele Grüße,
eure Klasse ...
Anmerkung: Die Anredefürwörter in Briefen an vertraute Personen können auch großgeschrieben werden (du/Du, ihr/Ihr, euch/Euch ...).

21

Anschrift (rot):
Frau Julia Schmitz
Klever Str. 122
40477 Düsseldorf
Absender (gelb):
Lisa Magnus
Schulgasse 2
38126 Braunschweig
Anrede (blau):
Liebe Tante Julia!
Text (rosa):
Wie geht es dir? Mir geht es gut. Seit drei Tagen gehe ich wieder zur Schule. Wir gehen einmal in der Woche schwimmen. Das macht Spaß.
Schluss (grün):
Viele Grüße, deine Lisa

23

a) Es ist Elisas Halstuch.
b) Es ist Hannas Kleid.
c) Es ist Pits Hose.
d) Es ist Florians T-Shirt.

25

Es ist eine Katze.

27

a) Goldfisch
b) Katze
c) Igel
d) Hase
e) Schäferhund

Ritas Tier ist ein Schäferhund (e). Kais Tier ist ein Goldfisch (a).

28

1) Blätter und Blüten pressen
2) Lesezeichen zuschneiden
3) Blätter aufkleben
4) Lesezeichen mit Folie bekleben
5) Lesezeichen lochen
6) Wollfaden durch das Loch ziehen und verknoten

29

Das ist die richtige Zuordnung von Satz und Bild: 1 – B, 2 – D, 3 – A, 4 – C

30

a) Zuerst schütte ich Erde in den Blumenkasten.
b) Dann stecke ich vorsichtig einige Tagetessamen in die Erde.
c) Von nun an gieße ich sie regelmäßig.
d) Später setze ich die kleinen Pflanzen vorsichtig in den Garten.

3. Schuljahr

31

In dieser Reihenfolge musst du die Teile nummerieren: 3 – 2 – 1

32

Einleitung (grün):
Am Sonntag ... dem Rhein mitmachen.
Hauptteil (rot):
Pünktlich ... des Feuerlöschbootes geraten.
Schluss (blau):
Die Besatzung ... kehrten wir um.

34

a) im Zirkus
b) gestern
c) Lena, ich (oder Maria), der Clown

35

Die Antworten findet man in der Einleitung (a).

36

a) Simons Einleitung ist zu lang.
b) Timos Einleitung nennt weder Personen noch Zeit.
c) Jannas Einleitung ist in Ordnung.

37

a) Die Personen sind Janna, Timo und Simon, ihre Eltern und andere Familien.
b) Die Geschichte spielt im Wald.
c) Die Geschichte spielt am vergangenen Sonntag.

38

Beispiel für einen möglichen Schluss: Vorsichtig gingen wir denselben Weg bis zur Kreuzung zurück. Dort entdeckten wir das richtige Zeichen. Wir folgten ihm und trafen kurze Zeit später auf die erste Gruppe.

39

So könnte der Schlusssatz zum Beispiel lauten:
Das war gerade noch einmal gut gegangen.

40

a) im Wohnzimmer
b) gestern Morgen
c) Hansi und ich

41

Passende Überschriften sind „So ein Glück“, „So ein Schlingel“ und „Noch einmal gut gegangen“.
„Die offene Käfigtür“ würde schon zu viel verraten, „Davongeflogen“ wäre falsch.

43

So könnte der Höhepunkt lauten: ... eine große Welle heranschwappte. Platsch! Da spritzte eine Menge Wasser über Kai und Farida. Das Ruderboot schaukelte heftig. Die beiden erschraken sehr. Klatschnass ruderten sie so schnell wie möglich zurück.

44

Der Hauptteil reicht von „Rudern ist ...“ bis „... der Steuermann des großen Schiffes“.

45

Die spannendsten Sätze sind: Hanna schreit vor Angst und will ihm helfen. Dabei neigt sich aber das Boot zu einer Seite und kippt um. Die beiden fallen ins Wasser.

46

Die zehn Sätze mit dem Höhepunkt lauten: Da gab es plötzlich einen lauten Knall. Und das Licht ging aus. Oh, ein Ungeheuer! Wie es da drohend vor mir stand! Wie unheimlich! Wie konnte ich bloß entkommen? Ich wollte schreien, aber vor lauter Angst konnte ich nicht. „O weh, schnell weg“, dachte ich. Aber ich klebte am Boden fest. Da packte es mich und steckte mich in eine enge, dunkle Kiste.

47

Das musst du ankreuzen: Ausrufe, Fragen, Gedanken, Gefühle

48

Es fehlt der Höhepunkt hinter „Die Wellen wurden höher“.

50

steht über dem Text: Überschrift
stellt alles vor: Einleitung
am längsten: Hauptteil
besonders wichtig: Höhepunkt
führt hinaus: Schlusssatz

51

a) Ich suche eine Überschrift, die neugierig macht.
b) Ich denke an die drei Teile: Einleitung, Hauptteil und Schluss.
c) Einleitung und Schluss müssen kurz sein.
d) Im Hauptteil befindet sich der Höhepunkt. Das ist der spannendste Augenblick der Geschichte.

53

Zu dem zweiten Ereignis gehören folgende Sätze: Mara ist die jüngste Springerin. Trotzdem hat sie das Turmspringen gewonnen. Sie war einfach spitze. Ich wünschte, ich könnte so gut springen wie Mara.

55

a) Wir fahren um 8.15 Uhr ab.
b) Wie wird das Wetter?
c) Lenas Mutter fährt mit.
d) Peter, schreib das bitte an die Tafel!
e) Nehmen wir Spielsachen mit?
f) Gehen wir auch in den Wald?
g) Hilfe, Frau Ritter kommt mit!
h) Wir treffen uns hier um 8 Uhr.
i) O weh, wie schrecklich!

56

Du findest alle drei Reizwörter (*Kind – Roller – Auto*) in Donalds Erzählung. Bei Lauras Erzählung fehlt das Reizwort *Auto*.

57

Beispiel zu *Hund – Kaffeetisch – Scherben*:
Gestern war meine Tante mit ihrem jungen Hund Rex bei uns zu Besuch.
Meine Mutter hatte unter dem Apfelbaum den Kaffeetisch gedeckt. Zuletzt stellte sie die Kaffeekanne und die Erdbeertorte auf den Tisch. Da klingelte es. Voll Freude lief ich zur Tür und begrüßte meine Tante und Rex. Rex und ich stürmten sofort in den Garten. Wir liefen um die Wette, wir balgten uns, stürmten wieder los und vergaßen alles um uns herum. Es war einfach herrlich! Plötzlich stolperte ich, gerade als Rex auf mich zusprang. Ich fiel um und krachte gegen den Klapptisch. Der Kaffeetisch fiel um, ebenso die Kaffeekanne, die

zu Übung 57:
Torte und alles andere auch. Da lag nun dieses ganze bunte Durcheinander auf der Wiese, während Rex wie verrückt bellte. Meine Tante musste lachen, und meine Mutter rief: „Scherben bringen Glück!“ Wie gut, dass niemand böse auf uns war!

58

Bild 1 = Bild rechts oben (Frau deckt Kaffeetisch)
Bild 2 = Bild links unten (Katze auf Baum)
Bild 3 = Bild links oben (Katze auf gedecktem Kaffeetisch)
Bild 4 = Bild rechts unten (Katze weg, Frau entsetzt)

61

Diese Sätze musst du durchstreichen: Das hatte sie vorher noch nie gesehen. – Sie war heute sehr müde, denn sie war gerade von einem langen Ausflug zurückgekommen. – Dann kuschelte sie mit ihren Kindern in dem gemütlichen Mäuseloch.

62

Folgende acht Stichworte sind in dieser Geschichte wichtig (zum Beispiel): Sommertag, Rübezahl, Frau, Kummer, nach Hause, Holz, Gold, dankbar

63

a) drei Rollen weißes Garn
b) fünf CDs
c) ein Paar Gummihandschuhe
d) ein Kilo Bananen
e) eine Salatgurke
f) ein Liter Milch
g) 250 Gramm Butter

64

a) Frühstück mit Eltern
b) am 2.5.2009
c) im eigenen Klassenraum
d) Beginn 9 Uhr, Ende 10.30 Uhr
e) Tische decken, Speisen und Getränke besorgen

65

a) Freundin getroffen
b) auf der Sandbank Ball gespielt
c) eine Burg gebaut
d) dafür den dritten Preis bekommen
e) lustigen Film gesehen

66

Namen:	**Berufe:**
Lena	Tierärztin
Daniel	Koch
Laura	Sängerin/Opernsängerin
Anna	Astronautin
Lukas	Friseur
Simon	Bäcker oder Maurer
Doris	weiß noch nicht

67

Du erhältst auf alle Fragen von a) bis e) eine Antwort und musst alle abhaken. Die Mitteilung enthält alles Wichtige.

Nr. 68–75

68

a) Marlon und der Fahrer eines roten Personenwagens
b) am Dienstag um 7.45 Uhr
c) auf der Berliner Straße
d) Marlon lief über die Straße, ohne das Auto zu sehen, und der Fahrer versuchte auszuweichen.
e) Marlon und der Fahrer erschreckten sich. Das Auto wurde ziemlich beschädigt.

69

Absender:
Hanna und Mirko Wolf
Bachstr. 3
49716 Meppen
Ort mit Datum: 12.10.2008
Anrede:
Liebe Mareike, lieber Leon!
Text:
Gerade kommen wir ... jetzt auch da.
Abschiedsgruß:
Herzliche Grüße senden euch
Unterschrift:
Hanna und Mirko Wolf

70

Liebe Frau Schmitz,
seit einer Woche sind wir an der Ostsee. Kennen Sie Rügen? Da sind wir. Denken Sie nur, wir haben ein kleines Haus direkt am Strand. Jeden Tag spielen wir am Wasser. Das wäre bestimmt auch toll für Ihre Kinder. Grüßen Sie Ihren Hund Max von mir.
Liebe Grüße
Ihr Jan

71

Im oberen Brief fehlen der Ort mit Datum und die Anrede.
Beispiel: Emden, den 8.3.2009; Lieber Marvin!
Im unteren Brief fehlen der Gruß und die Unterschrift.
Beispiel: Herzliche Grüße, dein Stefan.

72

Liebe Oma!
Gestern machte ich mit meiner Klasse einen schönen Ausflug. Wir wanderten mit unserer Lehrerin Frau Keppler durch einen herrlichen Kiefernwald. Dort lernten wir viel über Bäume und Vögel. Plötzlich sprangen zwei Rehe über den Weg. Später rasteten wir auf einer Waldwiese. Dort durften wir spielen. Zum Schluss aßen wir unsere Brote. Nach dem Essen fuhren wir mit einem Bus nach Hause.

74

Es fehlen der Absender und die Unterschrift.

75

So könnten die fehlenden Teile zum Beispiel lauten:
Rita Ranz
Rolandstr. 5
40476 Düsseldorf
Düsseldorf, den 10.2.2009
Liebe Hanna!
...
Liebe Grüße,
deine Rita

76

Beispiel für eine Geburtstags-einladung:

Julia Nepp
Kaiserstr. 2
40479 Düsseldorf

Düsseldorf, den 13.11.2008

Lieber Sven!

Am 23.11.2008 feiere ich um 15 Uhr meinen 9. Geburtstag. Wir feiern hier im Keller unseres Hauses.

Ich würde mich sehr freuen, wenn du kommen könntest.

Es grüßt dich
deine Julia

77

Am 8.10.2008 habe ich eine Jacke gefunden. Sie ist aus dünner, blauer Wolle gestrickt. Sie hat zwei rote Streifen auf dem rechten Ärmel. Auf der linken Vorderseite ist eine rote Tasche. Der Kragen ist blau, und die Knöpfe sind golden. Die Jacke kann in der Klasse 3c abgeholt werden.
Fabian Meier

78

Bei Pauls Beschreibung kann man sich das Handy besser vorstellen (b).

79

1) Es ist ein Dackel.
2) Es ist ein Kaninchen.
3) Es ist ein Hahn.

80

Es passen nicht: kleines, weißes Schwänzchen; kleine, helle Augen; klettert ungeschickt

82

a) Alter: 8 Jahre
b) Gestalt: groß und schlank
c) Haare: lang und schwarz
d) Augen: groß und dunkelbraun
e) Gesicht: schmal und braun
f) Kleidung: alte, dunkelblaue Jeans und weiße Pullis
g) Lieblingsbeschäftigung: rechnen und turnen
h) Besondere Eigenschaften: fröhlich, bringt uns zum Lachen

83

a) ja
b) ja
c) nein
d) nein

84

1) Mit einem kleinen Messer vorsichtig ein Loch in die Styroporkugel schneiden, damit der Bleistift hineingesteckt werden kann.
2) Mit bunten Filzstiften ein Gesicht auf die Kugel malen.
3) Für die Haare alte Wollreste in viele kurze Stücke schneiden.

Nr. 84–92

zu Übung 84:

4) Mit Alleskleber die Wollfäden an der Kugel festkleben.
5) Zum Schluss einen schmalen Streifen Krepppapier zu einer Schleife um den Bleistift binden.

85

1) Mit einem kleinen Messer schneide ich vorsichtig ein Loch in eine Styroporkugel, damit der Bleistift hineingesteckt werden kann. (Bild A)
2) Ich male mit bunten Filzstiften ein Gesicht auf die Kugel. (Bild B)
3) Für die Haare schneide ich Wollreste in kurze Stücke. (Bild C)
4) Mit Alleskleber klebe ich die Fäden fest. (Bild D)
5) Zum Schluss binde ich einen Streifen Krepppapier zu einer Schleife um den Bleistift. (Bild E)

86

Das ist die richtige Zuordnung von Satz und Bild: 1 – F, 2 – H, 3 – G, 4 – I, 5 – E, 6 – D, 7 – C, 8 – A, 9 – B

87

Geräte: Salatschüssel, Salatbesteck, Küchenmesser, Brettchen, Raspel
Zutaten: Öl, Essig, Gurke, Salz, Pfeffer, Zwiebel, Dill

88

1) Du gießt die Milch in einen Topf.
2) Dann bröckelst du die Schokolade hinein.
3) Nun erhitzt du alles vorsichtig.
4) Wenn die Schokolade weich wird, schlägst du die Milch mit dem Schneebesen.
5) Jetzt lässt du alles aufkochen.
6) Zum Schluss gießt du die heiße Schokolade in die Tassen.

89

An der falschen Stelle stehen: Milch in einen Topf gießen, alles vorsichtig erhitzen

90

Diese Sätze musst du durchstreichen: Genaue Mengenangaben der Zutaten sind unnötig (b). Die Reihenfolge der einzelnen Schritte ist egal (d).

91

Passende Begriffe zum Thema *Angst* sind: Herz klopft, feuchte Hände haben, Knie schlottern, zittern, weinen, schreien, schluchzen
Falsch sind: Augen strahlen, hüpfen, lernen, gratulieren, schreiben, lächeln

92

Wörter zum Thema *Sport* sind zum Beispiel: Wettkampf, fair, Start, Ziel, fechten, laufen, schwimmen, gewinnen, verlieren, Tor, Fußball, Handball

93

Wut – wütend, Zufriedenheit – zufrieden, Glück – glücklich, Angst – ängstlich, Trauer – traurig, Zorn – zornig, Frohsinn – froh, Mut – mutig, Neid – neidisch, Einsamkeit – einsam, Heiterkeit – heiter, Gleichgültigkeit – gleichgültig, Mitgefühl – mitfühlend

94

Diese Wörter musst du einkreisen: Flugzeug, abfliegen, Flug, Ausflug, flugbereit, einfliegen, überfliegen, Flügel, fliegt, Flieger, flügge

95

a) Justus springt über den Zaun.
b) Die Kinder klettern auf den Baum.
c) Der Tiger springt durch den Reifen.
d) Der Hund springt unter den Tisch.
e) Pia wirft die Puppen in die Kiste.
f) Anna fährt mit dem Roller gegen die Mauer.

96

Diese Verben passen viel besser als *machen*:
a) rechnete
b) schrieb
c) malte
d) weiterbauen
e) mähen
f) räumte

97

ganz machen = flicken
bange machen = erschrecken
Bilder machen = malen
Kuchen machen = backen
aufmachen = öffnen
zumachen = schließen
sauber machen = säubern
Ordnung machen = aufräumen
einen Blumenstrauß machen = binden

98

Soll ich dir meinen lustigen Traum erzählen?
Ich übte gerade treffende Adjektive, als ich merkte, wie zwei kleine Lerndrachen in meinem Lernheft leise miteinander tuschelten. „He, wieso könnt ihr reden?“, fragte ich. „Ihr seid doch nur gemalt.“ „Ha, ha!“, lachte der eine und sprang aus dem Buch. „Wir möchten gerne mit dir spielen“, erklärte der andere und hüpfte auf den Tisch. „Na, dann los!“, rief ich. Doch da wachte ich leider auf.

99

Richtig sind: bemerken, sprechen, erwidern, reden, schimpfen, jammern, erzählen, klagen, berichten, flüstern, entgegnen, tuscheln
Falsch sind: verwenden, regnen, springen, begegnen

100

Regen kann: prasseln, tropfen, spritzen, klatschen, trommeln, tröpfeln
Regen kann nicht: pfeifen, wehen, heulen, blasen

101

gehen: eilen, wandern, rennen, bummeln, schleichen, laufen
sehen: spähen, schauen, beobachten, gucken, anstarren, betrachten

102

Das Lösungswort lautet: sehr gut

103

kräftig wie ein Löwe, störrisch wie ein Esel, stark wie ein Bär, treu wie ein Hund, emsig wie eine Ameise, listig wie ein Fuchs, schwarz wie ein Rabe, weiß wie ein Schwan

104

So soll ein Sportler sein: schnell, geschickt, gelenkig, ehrlich, freundlich, kräftig, aufrichtig, stark
So soll ein Sportler nicht sein: schwach, unfreundlich, matt, lahm, unfair, kraftlos

106

a) Mein Pulli ist gelb wie eine Zitrone. Er ist zitronengelb.
b) Mein Haar ist gelb wie Stroh. Es ist strohgelb.
c) Mein Apfel ist grün wie Gras. Er ist grasgrün.
d) Meine Jacke ist blau wie der Himmel. Sie ist himmelblau.
e) Meine Bluse ist rot wie Blut. Sie ist blutrot.
f) Meine Strümpfe sind weiß wie Schnee. Sie sind schneeweiß.

107

a) Form: länglich, eiförmig, viereckig, kreisrund
b) Farbe: hellblau, rot, grün, gelblich
c) Größe: winzig, riesig, handgroß, mittelgroß
d) Material: hölzern, gläsern, eisern, metallisch

108

a) hell – dunkel
b) schmutzig – sauber
c) kurz – lang
d) weich – hart
e) groß – klein
f) ängstlich – mutig
g) schnell – langsam
h) eckig – rund
i) hoch – tief

109

Lena verwendet am Satzanfang häufig das Wort *dann*.

110

a) Variante 1: Flache Steine sucht Ina am Fluss.
Variante 2: Am Fluss sucht Ina flache Steine.

zu Übung 110:

b) Variante 1: Ein Gespenst sieht Max im Burgturm.
Variante 2: Im Burgturm sieht Max ein Gespenst.

c) Variante 1: Alte Fotos sucht Dora im Keller.
Variante 2: Im Keller sucht Dora alte Fotos.

112

a) Variante 1: Wie der Blitz sauste Lotte über das Eis.
Variante 2: Über das Eis sauste Lotte wie der Blitz.

b) Variante 1: Seinem Enkel kaufte Opa neue Schlittschuhe.
Variante 2: Neue Schlittschuhe kaufte Opa seinem Enkel.

c) Variante 1: Jeden Tag gehen Tobias und Verena zum Eislaufen.
Variante 2: Zum Eislaufen gehen Tobias und Verena jeden Tag.

113

Richtige Antworten sind: wichtige Einzelheiten, treffende Verben, klare Sätze, verschiedene Satzanfänge, die richtige Reihenfolge, genaue Adjektive
Falsch sind: Abenteuergeschichten, Spiele

114

Meike hat die richtige Reihenfolge nicht beachtet (c).

115

Diese Regeln sind falsch: auf Adjektive verzichten (c), möglichst viele Sätze mit *dann* beginnen (f), immer dieselben Verben benutzen (i)

4. Schuljahr

116

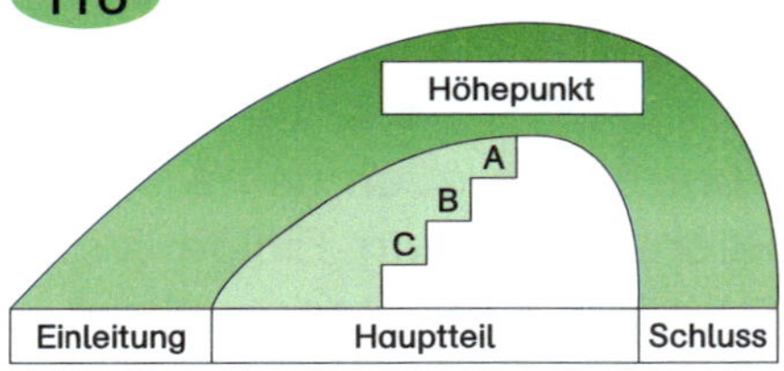

117

Siehe Lösung zu Übung 116.

118

Übrig bleibt: Vor zwei Wochen stand ich auf Bahnsteig 16, um meine Oma vom Zug abzuholen. Da ihr Zug Verspätung hatte, musste ich fast eine halbe Stunde warten.

119

Die Abschnitte musst du so nummerieren:
A = 3, B = 1, C = 4, D = 2, E = 5.
Hast du es gemerkt: Zwischen Erzählschritt 1 und 2 (Abschnitt B und D) fehlt ein Abschnitt.

Nr. 120–128

120

So sollte der Text aussehen: Marie rannte wie der Blitz. Am ersten Schultag wollte sie auf gar keinen Fall zu spät kommen. Trotzdem erreichte sie erst 10 Minuten nach dem Gong den Klassenraum. Sie fasste all ihren Mut zusammen und öffnete die Tür. Alle anderen Kinder saßen längst an ihren Plätzen. Ärgerlich drehte Frau Schlau sich zu Marie um.

Kontrolliere auch deine Rechtschreibung. Einige Wörter, die du einsetzen solltest, sind Satzanfänge und müssen großgeschrieben werden.

121

Diese Sätze sind zu unterstreichen: Ich war stumm vor Schreck. Was passierte da mit mir? Hoch oben im Baum wurde ich auf einen Ast gesetzt. Oh, da waren die anderen ja schon alle. Sie zitterten ebenso vor Angst wie ich.

122

Bei Mirkos Hauptteil fehlt der Höhepunkt. Pias Text hat einen Höhepunkt.

123

Es fehlt der Höhepunkt nach dem Satz „Heftiger Regen prasselte vom Himmel." Er könnte zum Beispiel so lauten: Plötzlich packte eine Sturmböe unser Zelt und riss es um. Wir schrien vor Schreck laut auf. Da kamen schon unsere Eltern angerannt. „Nicht aufregen, Kinder!", rief mein Vater. „Ich hebe jetzt die Plane hoch, dann könnt ihr vorsichtig herauskrabbeln."

125

Am besten passt Überschrift a).

126

Der bessere Schluss ist b).

127

Folgende Sätze gehören nicht dazu und müssen durchgestrichen werden: Nina und Farida schaufelten immer mehr Sand auf die Burg. „Helft mir doch endlich beim Wassergraben, die Burg ist hoch genug", brummte Fabian. An einer Stelle stand er schon bis zu den Waden im Graben. „Hilfe!", kreischte Fabian, und die Mädchen schrien ganz fürchterlich. Eine große Welle schwappte in den Wassergraben. Die drei Burgenbauer wurden ganz nass. In ihrem Eifer hatten sie gar nicht gemerkt, dass die Flut immer näher gekommen war.

128

Deine Sätze sollten so aussehen:

a) „Versteck dich! Sonst finden sie uns noch!", flüsterte Lea.

zu Übung 128:

„Versteck dich!“, flüsterte Lea. „Sonst finden sie uns noch!“

b) „Ringel Rangel Zwiebelfeld, Tobi hat jetzt ganz viel Geld!“, begann der Magier.
„Ringel Rangel Zwiebelfeld“, begann der Magier, „Tobi hat jetzt ganz viel Geld!“

c) „Spielt gefälligst woanders! Sonst hole ich die Polizei!“, schimpfte Frau Motzki.
„Spielt gefälligst woanders!“, schimpfte Frau Motzki. „Sonst hole ich die Polizei!“

d) „Kann man für etwas bestraft werden, das man nicht gemacht hat? Ich habe meine Hausaufgaben nämlich nicht gemacht“, fragt Emma.
„Kann man für etwas bestraft werden, das man nicht gemacht hat?“, fragt Emma. „Ich habe meine Hausaufgaben nämlich nicht gemacht.“

e) „Du bist sehr schlau! Das hast du bestimmt von Mama“, stellt Papa fest.
„Du bist sehr schlau!“, stellt Papa fest. „Das hast du bestimmt von Mama.“

129

Fragen: Na, wo war sie denn nur? Auch nicht?
Ausrufe: Bestimmt in der Jackentasche! Das war doch nicht möglich! Tatsächlich!

130

Lösungswort: viel Erfolg

131

Die drei Reizwörter, die in jedem Text vorkommen, sind: Ballon, Wettbewerb, Grenze

132

a) Erzähler (Kai), Alex, Eltern, Küstenwache
b) Eltern schlafen im Strandkorb, Kai und Alex fahren im Schlauchboot, Küstenwache kommt im Motorboot
c) an der Ostsee
d) in den Sommerferien

133

Die richtige Reihenfolge lautet: D – B – A – C – G – E – H – F

134

Beispiele:
Bild 1)
Reiter, Pferd vor Bach
Bild 2)
Reiter und Pferd stürzen ins Wasser
Bild 3)
Pferd weg, Reiter im Bach

135

Beispiele:
a) Pferd und Reiter setzen zum Sprung über den Bach an. Das Pferd scheut.

zu **Übung 135:**

b) Beide stürzen in den Bach. Das Pferd klettert ans Ufer und läuft weg.

136

So lautet die richtige Reihenfolge: D (= Bild 1) – B (= Bild 2) – A (= Bild 3) – C (= Bild 4)

137

Stichworte zu Bild 1 (D): telefoniert, sonnig, kommt ein Mann

Stichworte zu Bild 2 (B): beginnt zu regnen, ungeduldig, gucken böse, kräftig klopft er mit dem Stock gegen die Tür

Stichworte zu Bild 3 (A): eine Schlange gebildet hat, wie aus Eimern schüttet, triefend nass, reicht Schirm

Stichworte zu Bild 4 (C): stellen sich unter

139

a) Wenn du eine Geschichte hörst, merke dir das Wichtigste.
b) Überlege: Wer sind die Hauptfiguren? Wann ereignete sich die Geschichte? Wo passierte es?
c) Sammle Stichworte.
d) Schreibe alle wichtigen Einzelheiten in der richtigen Reihenfolge auf.
e) Dichte nichts hinzu.
f) Gebrauche die wörtliche Rede.
g) Verwende treffende Verben und Adjektive.

140

So lautet die richtige Reihenfolge der Stichworte: 1795 Fremder übernachtet – Gasthaus in Witlisbach – Pantoffeln auspacken – an den Füßen festbinden – ins Bett legen – Kammer teilen – zweiter Wanderer fragt – Vorsicht – im Traum in Glasscherben getreten – nie mehr barfuß schlafen

141

Anzukreuzen sind: a), b), d), f), g)

142

Diese Sätze werden durchgestrichen: a), c), f), h)

143

Diese Sätze könnten im Hauptteil des Märchens gesprochen werden:

- „So gib mir doch mein güldenes Kügelchen wieder. Ich will auch versprechen, dich zum Manne zu nehmen!“
- „Du holde Maid, versprich mir, dass ich auch in deinem Bettchen schlafen und von deinem Tellerchen essen darf!“
- „Ach, wie ist es hier so schön. Nie mehr will ich zurück in mein Brünnlein!“, freute sich das Fröschlein.

zu Übung 143:
Der zweite Satz passt nicht, weil die Sprache nicht altmodisch klingt und ein gerechter König zu einem anderen Menschen nicht von „Pech“ sprechen würde.
Der vierte Satz passt nicht, weil auch hier die Sprache modern ist und ein Steuerberater keine märchenhafte Figur ist.

144

a) Bettwäsche zur Reinigung bringen
b) Malsachen einpacken
c) Sechs Brötchen und ein Brot kaufen
d) Oberste Schublade aufräumen
e) Vier Bücher und die beiden Kassetten in der Bücherei abgeben
f) Blumenstrauß für Oma bestellen

145

a) die Schreinerei Meyer
b) Haustür und Terrassentür für das neue Haus; Fensterrahmen für das Erdgeschoss
c) morgen gegen 10 Uhr
d) zum neuen Haus

146

Die Bilder müssen, von oben nach unten gesehen, folgende Nummern erhalten:
links: 6, 4, 3; rechts: 5, 2, 1

147

Bericht A ist genauer.

148

a) ein kleiner Junge und ein 40-jähriger Autofahrer
b) am Dienstag, den 3.6.2009
c) auf der Talstraße in Laar
d) Der Junge fuhr plötzlich auf die Fahrbahn und stieß dort mit dem Auto zusammen.
e) Der Junge wurde ins Krankenhaus gebracht.

149

Die Fragewörter sind:
a) Wer (war am Unfall beteiligt)?
b) Wann (geschah der Unfall)?
c) Wo (fand der Unfall statt)?
d) Wie (kam es zu dem Unfall)?
e) Welche Folgen (hatte der Unfall)?

150

Diese Sätze sind durchzustreichen: Als ich Kristin gesehen habe, habe ich sie gerufen. Aber sie hat mich nicht gehört. Dann bin ich etwas schneller gegangen. Ich glaube, der Fahrer war betrunken oder hat mit seinem Handy telefoniert. Bestimmt hat sie Schmerzen gehabt, sie hat nämlich geweint. Die Polizei mit Blaulicht und der Krankenwagen kamen fast zur

zu Übung 150:
selben Zeit. Die Sanitäter haben Kristin auf die Trage gelegt und sind mit ihr ins Krankenhaus gefahren. Zum Glück durften ihre Eltern sie anschließend gleich mit nach Hause nehmen.

151

In der Spalte ist von oben nach unten wie folgt einzutragen: Ort mit Datum, höfliche Anrede, Brieftext, Abschiedsgruß, Unterschrift

152

Beispiel für den E-Mail-Text:
Liebe Tante Dorle,
vielen Dank für deinen Brief und deine Einladung. Ich habe gleich mit meinen Eltern gesprochen. Sie haben mir erlaubt, dich in den Sommerferien zu besuchen. Wenn es dir recht ist, komme ich am 6. Juli gegen 15 Uhr und bleibe eine Woche bei euch.
Ich freue mich riesig, dich, Rex und alle anderen wiederzusehen!
Liebe Grüße
dein Jan

153

Carlo: rote Haare; dicker Bauch; lachendes Gesicht; große, weiße Knöpfe; kurze, dicke Beine; blauweiße Strümpfe
Longo: trauriges Gesicht; schlank; lange, dünne Beine; Hose mit Punkten; spitzes Hütchen; rotweiße Strümpfe

154

So sieht die richtige Zuordnung aus: 1 – D, 2 – A, 3 – F

155

Bei Saras Beschreibung kann ich mir Katrin besser vorstellen, weil die Beschreibung viel ausführlicher und genauer ist.

157

So sollte deine Personenbeschreibung aussehen:

Mein Lehrer

Mein Lehrer ist männlich und etwa 50 Jahre alt. Er ist ungefähr 1,90 m groß und schlank. Die Kopfform ist oval. Er hat graue Haare und blaue Augen. Seine Nase ist gebogen und sehr dick. Wenn er lacht, bilden sich Grübchen in den Wangen, seine Zähne sind weiß und groß. Seine Hände sind sehr groß und gepflegt. Ihm fehlt der Zeigefinger der linken Hand. Auch hat er auffällige, große Plattfüße. Er spricht mit einer auffallend tiefen und lauten Stimme.

159

Ich wende mich nach links. An der Ecke überquere ich die Mauerstraße. Dann gehe ich die Wallstraße entlang und an der Kirche vorbei. An der nächsten Ecke wende ich mich nach rechts und gehe

zu Übung 159:
geradeaus die Eichenallee entlang. Das zweite Haus hinter der nächsten Kreuzung ist Lisas Haus.

160

Es werden nicht gebraucht: Noten, Rechenheft, Lesebuch, Turnschuhe

161

Verben: bohren, bekleben, verknoten, bemalen, anzeichnen, durchziehen, halten

162

1) halten, anzeichnen
2) bemalen
3) bekleben
4) bohren
5) durchziehen, verknoten

163

Im Einkaufswagen fehlen: die Nägel; die Plastikfolie; Reis, Erbsen, Linsen oder Bohnen (also die Füllung für den Regenmacher); Wasser; Zeitungspapier; Küchenrolle

164

Die Bilder müssen, von oben nach unten gesehen, folgende Nummern erhalten:
links: 4, 6, 1, 3; rechts: 7, 2, 5, 8

165

1) Gemüse waschen und putzen.
2) Alles in kleine Stücke schneiden.
3) Öl in einem Topf erhitzen.
4) Das kleingeschnittene Gemüse kurz anbraten, dabei umrühren.
5) Wasser dazugießen und die Suppe auf niedriger Stufe kochen lassen.
6) Mit Suppenwürfel, Salz und Pfeffer abschmecken.

166

Nr. 1 = Bild rechts oben
Nr. 2 = Bild links unten
Nr. 3 = Bild rechts unten
Nr. 4 = Bild links oben

167

Beispiel:
1) Du füllst einen Topf mit Blumenerde.
2) Nun drückst du mit dem Finger kleine Löcher in die Erde.
3) Dann legst du die Sonnenblumenkerne in die Löcher.
4) Als Nächstes bedeckst du sie mit Erde.
5) Jetzt gießt du sie vorsichtig.
6) Anschließend stellst du den Topf auf eine Fensterbank.
7) Du gießt von nun an regelmäßig, aber mäßig.
8) Schließlich pflanzt du die kleinen Sonnenblumen in den Balkonkasten oder in den Garten.
9) Zum Schluss bindest du einen Stock an die Pflanzen, damit sie nicht umkippen.

Nr. 168–172

Lösungen

168

In dieser Reihenfolge müssen die ersten drei Balken beschriftet werden (von links nach rechts): Michael Schumacher, Juan Manuel Fangio, Alain Prost. Die Reihenfolge der restlichen vier Namen ist gleichgültig, da sie alle jeweils dreimal Weltmeister geworden sind. Diese Namen müssen in den restlichen vier gleich hohen Balken stehen: Jackie Stewart, Niki Lauda, Nelson Piquet und Ayrton Senna.

169

Strecken, auf denen mehr als 69 Runden gefahren werden, sind:
78 Runden: Monaco (3,340 km);
71 Runden: Brasilien, Sao Paulo: José Carlos Pace („Interlagos") (4,309 km);
70 Runden: Kanada, Montreal: Gilles Villeneuve (4,361 km); Ungarn, Budapest: Hungaroring (4,381 km); Frankreich, Nevers: Magny-Cours (4,411 km).
Du musst nicht alle Informationen zum Ort der Strecke angeben. Eine Angabe reicht aus. Auch die Rundenlänge, die in Klammern steht, musstest du nicht notieren. Die Reihenfolge muss aber genau so sein, wie oben angegeben. Du solltest die Strecken ja der Größe nach sortieren. So geht es also auch: Monaco, Brasilien, Kanada, Ungarn, Frankreich.

170

Den Vornamen konntest du dem Aufgabentext entnehmen. Alles andere steht in der Verkaufsbeschreibung.

Fahrradpass

Name:	Akin	Wohnort:	23409 Esens
Vorname:	Dorian	Rahmennummer:	WK-007
Straße:	Mühlenbusch 23a	Codiernummer:	0815

Bitte Zutreffendes ankreuzen:

○ Kinderrad	⊗ Jugendrad	○ Damenrad
○ Herrenrad	○ Rennrad	○ Mountainbike
○ Trekkingrad	○ BMX-Rad	○ Tandem

171

Die Informationen zum Kaufdatum und Händler konntest du dem Aufgabentext aus Übung 170 entnehmen. Alles andere steht in der Verkaufsbeschreibung.

Marke/Modell:	WK-Blazer	Reifengröße vorn:	24" (Zoll)
Rahmenfarbe:	schwarz	Reifengröße hinten:	20" (Zoll)
Rahmenmaterial:	Chrom-Stahl	Kaufdatum:	11.11.2008
Schutzblechfarbe:	silber	Kaufpreis:	€ 159,00
Kettenschaltung mit 5 Gängen			
Zubehör:	○ Fahrradcomputer		⊗ Tacho
Federgabel:	⊗ vorn		○ hinten
Händler:	Die Bike-Profis		
Besonderheiten:	spezieller Blazer-Sattel		
Beschädigungen:	Beule im Schutzblech vorn		

172

Diese Fragen eignen sich nicht, weil man sie mit *ja* oder *nein* beantworten kann (mehr erfährt man dann nicht): „Sind Sie gerne Lehrerin?" (a),

zu Übung 172:
„Unterrichten Sie Kunst?“ (c), „Mögen Sie Hip-Hop?“ (g). Diese Frage ist unhöflich und könnte deine Befragung schnell beenden: „Wie alt sind Sie, und wie viel wiegen Sie?“ (e).

173

Blumen: Tulpe, Primel, Geranie, Veilchen
Insekten: Ameise, Mistkäfer, Mücke, Tausendfüßler
Bäume: Tanne, Kiefer, Buche, Eiche, Palme
Säugetiere: Wal, Pferd, Nashorn, Schwein, Delfin

174

So lautet die richtige Zuordnung: a – ⓔ, b – ⓖ, ⓒ – f, ⓓ – h

175

fliegen: Flugzeug, flieg, Fliege, Flug, geflogen, abgeflogen, sie flog
fahren: Fahrzeug, zurückfahren, Fähre, Fuhrpark, er fuhr, abgefahren, Gefährte

176

fallen: Abfall, Gefälle, fällen, Unfall, Einfall, zufällig, fallen
spielen: Spielpartner, Gruppenspiel, spielen, Spielanleitung, Heimspiel, Spielplatz, Spitzenspieler
sehen: einsehen, sehen, Aussicht, kurzsichtig, unsichtbar, Absicht, Fernseher

177

sprechen: flüstern, stottern, schwatzen, reden, fragen
lachen: kichern, schmunzeln, auslachen, grinsen, lächeln
weinen: schluchzen, heulen
sehen: betrachten, gaffen, beobachten, entdecken

178

a) „Hast du die Fische gefüttert?“, fragt Mutter. Axel antwortet: „Ja, heute Morgen.“
b) „Lass uns heute in den Zoo gehen“, bittet Kai.
c) „Bleib stehen!“, ruft Kati ihrer Freundin zu.
d) Im Sachunterricht berichten Lea und Timo heute über ihre Pflanzenversuche. Im Deutschunterricht erzählt Sandra ihre Gruselgeschichte.
e) „Ich kann nicht mehr laufen“, jammert Tim.
f) „Wir verstecken uns hinter dem Holzstapel“, flüstert Rolf seinem Freund ins Ohr.

179

a) Ich berichte dem Polizisten, was ich gesehen habe.
b) Das muss er seinem Vater noch beichten.
c) Lia flüstert: „Ich verrate dir jetzt ein Geheimnis!“
d) Frau Müller tratscht über ihre Nachbarin.
e) Unser Baby plappert dauernd vor sich hin.

Nr. 180–188

180

schnell gehen: eilen, huschen, laufen, hetzen, rennen, flitzen
langsam gehen: schreiten, bummeln, torkeln, humpeln, spazieren

181

linke Spalte: schlenderte, rannte, sprang, trippelte, angeschlurft, schleichen, gehen
rechte Spalte: schlendern, rennen, springen, trippeln, schlurfen, schleichen, gehen

182

Diese Verben musst du unterstreichen: speisen, abbeißen, naschen, futtern, knabbern, schlecken

183

a) Mein Bruder liegt noch im Bett.
b) Milch mit Honig schmeckt süß.
c) Die Sonne scheint heute sehr hell.
d) Im Teich schwimmt ein Goldfisch.
e) Florian turnt am Klettergerüst.

184

Das Klappern von Rollläden, das Hupen von Autos, das Schlagen von Türen, das Quietschen von Bremsen, das Grölen von Betrunkenen, das Rufen von Eulen, das Donnern bei Gewitter.

185

Diese Verben musst du unterstreichen und in dieser Reihenfolge aufschreiben: klettern, laufen, reiten, schwimmen, segeln, springen, turnen, werfen

186

a) schnell
b) langsam
c) laut
d) leise

187

a) In unserem letzten Urlaub hatten wir eine wunderbare Zeit.
b) Das niedliche Kätzchen hätte ich gern.
c) Dieser Stoff fühlt sich angenehm an.
d) Die Hochzeit des Prinzen und der Prinzessin war traumhaft.
e) Wir hatten eine herrliche Aussicht.
f) Der Ritter verliebte sich auf Anhieb in das hübsche Burgfräulein.

188

a) schneeweiß
b) kaffeebraun
c) rabenschwarz
d) blutrot
e) grasgrün
f) strohgelb

189

nasskalt, hellwach, bitterböse, kleinlaut

190

a) eine federleichte Tasche
b) eine eiskalte Limonade
c) ein schneeweißes Hochzeitskleid
d) ein armdicker Schlauch
e) ein zuckersüßer Kuchen
f) eine grasgrüne Hose
g) ein hellwacher Schüler
h) eine steinalte Frau
i) ein brandneues Fahrrad
j) eine wunderschöne Prinzessin

191

a) hart – weich
b) dünn – dick
c) faul – fleißig
d) kurz – lang
e) süß – sauer
f) falsch – richtig
g) hell – dunkel
h) eng – weit

192

a) klein – groß
b) kalt – heiß
c) hässlich – hübsch
d) eckig – rund
e) reich – arm
f) dumm – klug
g) nass – trocken
h) jung – alt

193

-lich: ängstlich, pünktlich, monatlich, täglich, gefährlich
-ig: windig, wolkig, sonnig, freudig, witzig
-isch: stürmisch, regnerisch, diebisch, neidisch, himmlisch

194

So sollten deine Sätze nun aussehen:
a) Plötzlich stand der Mann neben mir.
b) Sofort drehte ich mich um.
c) In diesem Augenblick riss das Monster einen Baum aus der Erde.
d) Da bekam sie einen riesigen Schreck.
e) Schnell liefen wir in Richtung Höhle.

195

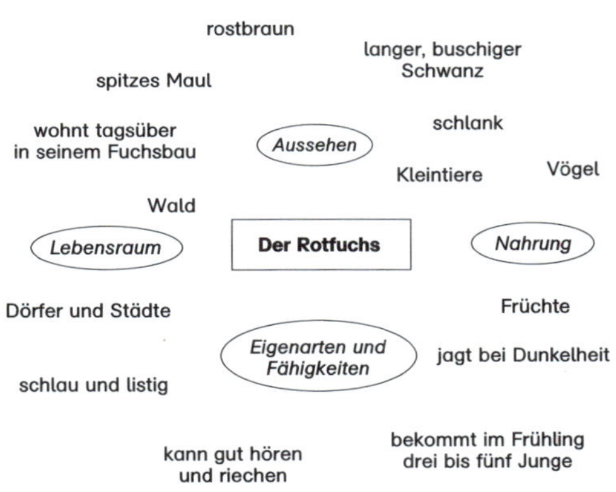

196

Überschrift: Der Rotfuchs
a) Aussehen
   – spitzes Maul
   – rostbraun
   – langer, buschiger Schwanz
   – schlank
b) Lebensraum
   – wohnt tagsüber in seinem Fuchsbau
   – Wald
   – Dörfer und Städte

zu Übung 196:

c) Nahrung
  - Kleintiere
  - Vögel
  - Früchte

d) Eigenarten und Fähigkeiten
  - schlau und listig
  - kann gut hören und riechen
  - bekommt im Frühling drei bis fünf Junge
  - jagt bei Dunkelheit

197

Lebensraum:
Arktis; Küsten; Inseln
Gestalt und Aussehen:
2,50 m lang; groß; kräftig; stark; weißes Fell
Fähigkeiten:
schnell laufen; gut schwimmen und tauchen; guter Jäger
Besonderheiten:
wasserdichter Pelz; dicke Fettschicht; behaarte Fußsohlen; geht auf ganzer Sohle
Nahrung:
Fische; Robben
Gewohnheiten und Vorlieben:
einsame Wanderungen; überwintert in Schneehöhlen

198

a) Lebensraum
b) Gestalt und Aussehen
c) Fähigkeiten und Besonderheiten
d) Nahrung
e) Vorlieben und Gewohnheiten

199

Diese Themen musst du einkreisen: Beruf, Familie, Hobbys, Wohnort

200

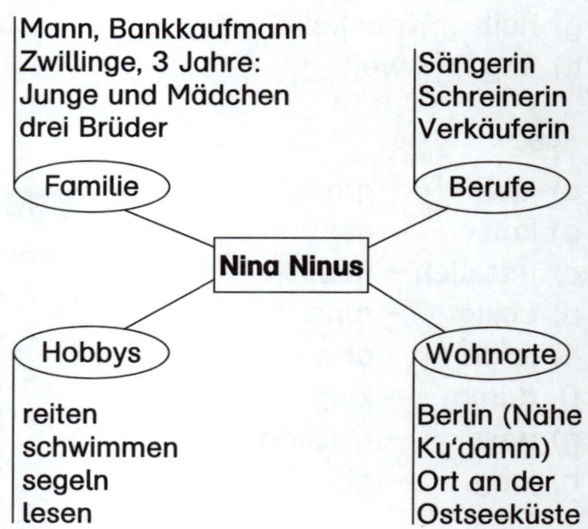

Quellenverzeichnis

Die Aufsatzübungen für das 2. bis 4. Schuljahr wurden folgenden Bänden entnommen:

„Mein großes Trainingsbuch Deutsch 2. Schuljahr“

„Mein Übungsheft Aufsatz Deutsch 3. Schuljahr“

„Mein großes Trainingsbuch Deutsch 3. Schuljahr“

„So gut bin ich! Aufsatz 3. Schuljahr“

„So gut bin ich! Aufsatz 4. Schuljahr“

„Mein Übungsheft Aufsatz Deutsch 4. Schuljahr“

„Mein großes Trainingsbuch Deutsch 4. Schuljahr“

„Ich komme ins Gymnasium! Deutsch.
Der komplette Lernstoff 4. Schuljahr“

Die Eltern- und Schülertipps wurden folgenden Bänden entnommen:

„Ich komme ins Gymnasium! Deutsch.
Der komplette Lernstoff 3. Schuljahr“

„Ich komme ins Gymnasium! Deutsch.
Texte verfassen – Aufsatz 4. Schuljahr“

Die kleinen Lerndrachen –
Lernen mit System von Klasse 1–4

in den Fächern Deutsch, Mathe und Englisch

üben

Übungsbücher mit dem kompletten Stoff eines Faches pro Schuljahr

Intensives Üben eines wichtigen Schwerpunktthemas

nachschlagen

Der komplette Stoff der Grundschule zum Nachschlagen plus zahlreiche Übungen auf CD-ROM

testen

Test-Blöcke: Zahlreiche Testaufgaben mit Quizcharakter plus Lösungen und ausführliche Auswertungen

Erhältlich im Buchhandel.
Weitere Informationen unter **www.klett.de/lernhilfen**